AF631772

¿Un mundo sin personas?

RAFAEL PUYOL ANTOLÍN

¿Un mundo sin personas?

El nuevo escenario de la demografía global

ALMUZARA

© Rafael Puyol Antolín, 2025
© Editorial Almuzara, s. l., 2025

Primera edición: febrero de 2025

Reservados todos los derechos. «No está permitida la reproducción total o parcial de este libro, ni su tratamiento informático, ni la transmisión de ninguna forma o por cualquier medio, ya sea mecánico, electrónico, por fotocopia, por registro u otros métodos, sin el permiso previo y por escrito de los titulares del *copyright*».

Cualquier forma de reproducción, distribución, comunicación pública o transformación de esta obra solo puede ser realizada con la autorización de sus titulares, salvo excepción prevista por la ley. Diríjase a cedro (Centro Español de Derechos Reprográficos, www.cedro.org) si necesita fotocopiar o escanear algún fragmento de esta obra.

Editorial Almuzara • Colección Ensayo

www.editorialalmuzara.com
pedidos@almuzaralibros.com —info@almuzaralibros.com

Editorial Almuzara
Parque Logístico de Córdoba. Ctra. Palma del Río, km 4
C/8, Nave L2, n..º 3. 14005, Córdoba

Imprime: Black Print
ISBN: 978-84-10525-63-4
Depósito legal: CO-2131-2024
Hecho e impreso en España —*Made and printed in Spain*

A Lola, Alfonso, Blanca, Jaime
y Gonzalo. Por tantas cosas

Índice

Introducción

Hace tiempo que me planteé hacer este libro, por dos razones principales: porque, pese a la importancia de la demografía como configuradora de nuestras sociedades, existe un desconocimiento bastante generalizado del papel que desempeña; y porque con demasiada frecuencia se utiliza esa ciencia social para justificar determinados planteamientos ideológicos o políticos completamente alejados de la realidad que nos dibuja la información objetiva.

Este libro no es un manual ni tiene una finalidad académica prioritaria. Nace con la finalidad principal de hacer llegar a un público extenso, y con inquietudes por la situación actual y futura del mundo, análisis y reflexiones y también propuestas para conocer y enfrentar los grandes desafíos demográficos que tienen hoy las sociedades del planeta. Pretende, también, aclarar muchas de las ideas que se manejan y analizar críticamente las afirmaciones que se vierten sobre la población y que son el resultado de mitos, falsas creencias o percepciones infundadas basadas en ese desconocimiento o en la instrumentalización de nuestra ciencia. Es posible que pueda conseguir más fácilmente lo primero que lo segundo. Creo que el libro da respuesta a muchos de los interrogantes que tiene la gente sobre la situación demográfica. Pero va a resultar más difícil cambiar las ideas de aquellos que utilizan la demografía para justificar sus creencias o sus planteamientos. Al menos servirá para que otras personas puedan refutar unas y otros con argumentos basados en datos objetivos que reflejan, con un elevado grado de certidumbre, los fenómenos que cuantifican.

Hace muchos años que vengo dedicando mi tarea docente e investigadora a los temas de población. He dado miles de clases sobre temas demográficos, escrito varios libros y cientos de artículos, participado en congresos y seminarios internacionales e impartido muchas conferencias. He llevado la demografía a los periódicos en los que he escrito, primero al *ABC* y ahora a *El Debate* y a *El Español*, y a lo largo de tantos años y tantos medios creo conocer lo que la gente culta y con inquietud quiere saber de la población. Así que, partiendo de sus intereses y de las preguntas que me suelen plantear en mis intervenciones, he seleccionado un catálogo de cuestiones que intentan ofrecer respuestas a esos interrogantes. En total desarrollo 27 temas planteados siempre de manera interrogativa y que cubren la temática general de la ciencia demográfica. Para contrastar mis preferencias le pedí a ChatGPT que me ofreciera su selección de los 25 grandes retos que tiene planteados hoy la población del mundo y, aunque con formulaciones diferentes, hubo una coincidencia temática bastante amplia; mi elección y la de ChatGPT concordaron en más de 15 grandes asuntos. La mayoría son cuestiones generales de la población, pero incorporo al final siete capítulos sobre grandes espacios con el fin de abordar su problemática demográfica específica. E incluyo un apartado final sobre España para plantear la necesidad de establecer una política integral que ayude a mitigar algunos de los problemas que conforman nuestra delicada situación.

Mucha gente sigue anclada en sus percepciones de una población que sigue en «explosión» demográfica, y no es así; de que la natalidad es muy alta en todos los países en desarrollo, y no es así; de que la inmigración está desbordada y sin control en los grandes escenarios de acogida, y no es así; de que el envejecimiento es ante todo un problema, y no es así; de que el crecimiento demográfico no tiene límite, y no es así; de que las políticas de población no sirven para nada, y no es así; de que Europa podría llegar a ser musulmana, y no es así; de que África nos va a invadir, y no es así. Y muchas otras cosas que ya no son así y que este libro pretende decir cómo (verosímilmente) pueden ser.

He tratado de huir de un lenguaje excesivamente técnico y explicar determinados conceptos e índices cuando aparecen en el texto. He intentado utilizar datos de fuentes solventes y emplear las estadísticas más actualizadas en el momento de redactar cada capítulo. Todas las unidades comienzan con un texto sobre la temática abordada y finalizan con unas conclusiones breves en las que se sintetizan los principales asuntos tratados. Además de los 27 capítulos, se incluyen algunos apartados más (boxes), con tratamientos más breves de temáticas específicas. Apenas he incorporado material gráfico y no he pretendido, conscientemente, ofrecer una bibliografía exhaustiva, sino una selección de obras importantes (unos 50 títulos en total), muchas de las cuales han servido de inspiración a mi propio trabajo.

Ojalá el libro cumpla con la pretensión de difundir las temáticas de esta disciplina joven pero de enorme transcendencia para el futuro de nuestras sociedades. No resulta superfluo saber cuántos seremos, cómo seremos, dónde viviremos, cuáles serán nuestros comportamientos fecundos, hasta cuándo viviremos; el carácter de las migraciones; los desafíos y las oportunidades del envejecimiento; la igualdad entre los sexos, y tantos otros asuntos que tienen claramente una «perspectiva» demográfica. Quizás saber estas cosas ayude a conocernos mejor y, por lo tanto, a ser más tolerantes en sociedades en las que el aumento de la diversidad va a ser una constante.

Comillas, diciembre de 2024

1. ¿QUÉ ES LA TEORÍA DE LA TRANSICIÓN DEMOGRÁFICA?

En las sociedades tradicionales, la fecundidad y la mortalidad son elevadas. En las sociedades modernas, una y otra son bajas. En medio está la transición demográfica.
PAUL DEMENY (1968)

La formulación del modelo

A lo largo de este libro voy a citar con frecuencia esta teoría. Por ello creo conveniente definirla, porque servirá de contexto o referencia para muchas de las cuestiones que voy a plantear.

La demografía y todas las disciplinas que se ocupan de la población son ciencias jóvenes y por ello no disponen de un gran aparataje teórico. En este panorama de escasez brilla con luz propia esta teoría por su elevado valor explicativo, lo que ha generalizado su uso por parte de todos los especialistas. Definida por dos investigadores americanos (Davis, K. y Notestein, F. W., 1945), la teoría describe y explica el cambio demográfico experimentado por la población a lo largo de los dos últimos siglos, que pasa de un régimen tradicional con alta mortalidad y fecundidad a un régimen moderno con mortalidad y fecundidad bajas. En ambos casos el crecimiento de la población es reducido, y a veces, nulo o negativo. La «transición demográfica» se define a partir de la evolución de las poblaciones europeas, pero pretende ser un modelo aplicable a todas las sociedades.

En su versión tradicional diferencia tres fases sucesivas: la pre transicional o antigua, la transicional propiamente dicha —diferenciada a su vez en dos subfases— y la postransicional o moderna.

El periodo pretransicional se caracteriza por una fecundidad alta o muy alta, contrarrestada por una mortalidad fuerte. Para que algunos de los niños alumbrados pudieran llegar a la edad adulta, era necesario que el tamaño familiar fuera de 6 hijos. La esperanza media de vida al nacer era tan solo de 25 años, y el crecimiento natural (diferencia entre nacidos y fallecidos), pequeño, cuando no nulo o negativo; nacían bastantes niños, pero las llamadas crisis de sobremortalidad, causadas por hambrunas, epidemias o guerras, acababan con los excedentes. Esta situación definió la evolución demográfica hasta comienzos del siglo XVIII, cuando se inicia el periodo de la transición. En su primera subetapa, la mortalidad retrocede como consecuencia del progreso económico y la mejora de la alimentación, la higiene o los avances de la medicina. Las crisis de sobremortalidad se atenúan; la mortalidad general, especialmente la infantil (niños menores de un año), desciende y la esperanza de vida aumenta; en cambio, la natalidad se mantiene elevada y es esa acusada diferencia entre una mortalidad en descenso y una na-

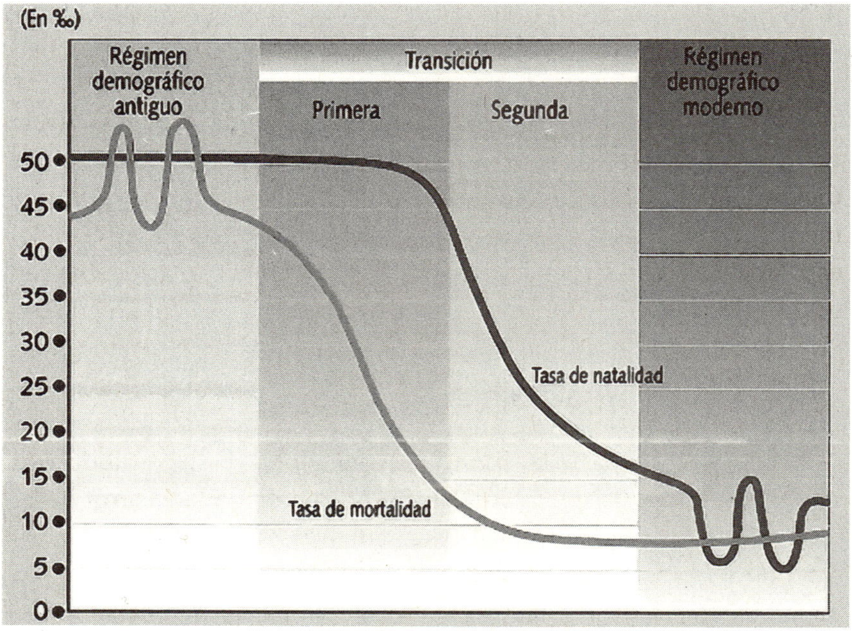

Mapa 1: Modelo de transición demográfica [a partir de «Evolución de la población mundial», *Geografía General*; Kalipedia].

talidad sostenida la que provoca un crecimiento natural intenso. Después, en la segunda subetapa, desciende también la fecundidad mientras se mantiene el retroceso de la mortalidad, resultando un crecimiento de la población más pequeño, pero aún significativo. El periodo postransicional se caracteriza por una natalidad y mortalidad bajas, que provocan un crecimiento natural de la población débil y a veces nulo o negativo, como en la primera fase.

Hasta aquí la descripción del modelo. Pero la teoría es también un patrón interpretativo de la transformación demográfica a lo largo del tiempo.

Una teoría universal con diferentes variantes

Las primeras versiones analizan los cambios como el resultado de los procesos de industrialización y urbanización, es decir, del desarrollo económico y la modernización de la sociedad. A la vista de lo sucedido en las naciones desarrolladas, la teoría explica razonablemente bien la evolución experimentada por sus poblaciones. La gran cuestión es si vale también para interpretar lo que ha sucedido y sigue pasando en los países menos adelantados, es decir, si estamos hablando de un modelo universal, reproducible y predictivo que sirva de marco de referencia para situar en cada momento dónde está un territorio y poder pronosticar su futuro. De esta manera podríamos agrupar a los diferentes espacios en tres grandes grupos: el primero, el de las naciones que se hayan en fase postransicional; el segundo, el de los Estados que están en plena transición; y el último, el de los países que ya han abandonado la fase inicial pero todavía están muy en los inicios de la fase transicional. Ningún país del mundo se encuentra en el periodo pre transicional: por la evolución tanto de la mortalidad como de la fecundidad, es una etapa que ha quedado atrás. Los países en desarrollo se encuentran en algún subperiodo de la segunda fase o bien «llegando» a ella y, en algunos casos, incluso dentro de la tercera etapa. Su situación reflejaría un simple retraso en el calendario de la transición.

Es verdad que hay diferencias sustantivas en los modelos concretos que ha tenido la transición demográfica en los distintos territorios. Diferencias que hacen referencia a las fechas de comienzo y finalización del proceso, a los niveles de fecundidad y mortalidad de las fases pretransicional y postransicional, a la duración de la secuencia o al ritmo que ha tenido. Estas desigualdades hacen que algunos hablen de *transiciones*, en plural, y no de un proceso único de transición. Veamos lo que ha sucedido en las diferentes partes del mundo.

Los países occidentales han tenido una transición temprana (mediados del siglo XVIII) y frecuentemente larga (entre 75 y 200 años) y tasas de crecimiento habitualmente reducidas (por debajo del 2 %). Se puede afirmar que la transición comienza en Francia, Inglaterra y los países nórdicos en la segunda mitad del XVIII. Se extiende a los países de Europa a mediados del XIX, con más retraso en los países del este y del sur. Después salta a América del Norte y gana Australia y Nueva Zelanda a finales del XIX. Pero, además de estas diferencias del calendario, se observan situaciones muy diversas en cuanto a los datos de partida y llegada y a los ritmos de evolución entre los países europeos (Clément, C. y Brugeilles, C., 2020), como pone de manifiesto la comparación entre Francia y la antigua URSS. En Francia, la transición comienza en 1785 y termina hacia 1970; son casi dos siglos a lo largo de los cuales la tasa de crecimiento anual media es bastante baja (0,26 %), y el multiplicador transicional (índice que mide el crecimiento total de la población entre los puntos inicial y final de la transición), de 1,6. En cambio, la URSS comienza su transición un siglo más tarde (1896) y la termina en poco menos de un siglo: en este caso, la tasa de crecimiento natural es de 1,7 % y el multiplicador transicional del 2 %.

Por su parte, los países en desarrollo empiezan su transición en el siglo XX, primero los Estados de América Latina y Asia y más tarde los de África. Y presentan diferencias sustantivas con los desarrollados. Sus transiciones son mucho más rápidas (duran entre 40 y 80 años); tienen tasas de crecimiento elevadas (entre 2 y 4 %) y multiplicadores transicionales que superan el valor 2 y llegan incluso a más de 10. ¿Por qué esta celeridad? Lo veremos después con más calma, pero podemos adelantar que la caída más rápida de la mortalidad (capítulo 5) se debe a la importación, desde los países avanzados, de los medios e instrumentos de lucha contra la enfermedad. Y el descenso igualmente veloz de la fecundidad (capítulo 4), a la introducción de los métodos modernos de control auspiciados muchas veces por los organismos internacionales.

Situaciones distintas de partida, ritmos de evolución diferentes, duración desigual de la transición, multiplicadores transicionales diversos... Sin embargo, todo ello no niega la existencia de una transición desde un modelo tradicional a un régimen moderno a través de diferentes secuencias y ritmos. Creo que la teoría se puede considerar como un modelo de evolución general de la población con mecanismos variados que, en cada caso, deben ser contextualizados.

Dos consideraciones finales

La primera es matizar el papel que las transformaciones económicas desempeñan en el descenso de la fecundidad. Aireamos con frecuencia la tesis de que el progreso económico reduce la fecundidad y por ende la natalidad, y eso no siempre ocurre así, ni en el pasado ni en tiempos modernos. En Francia disminuyó la fecundidad antes de que el país dejase de ser un Estado rural y hay casos de países africanos en donde la fecundidad ha descendido incluso en tiempos de crisis económica. El desarrollo económico no es, por lo tanto, una condición imprescindible para la caída de la fecundidad.

La segunda consideración se refiere a la situación que alcanzan cada vez más países en la fase postransicional. Según la teoría clásica, este periodo se caracterizaría por un equilibrio de los nacimientos y defunciones, en ambos casos con niveles reducidos, con crecimientos de la población pequeños, ligeramente positivos o igualados. Reflejaría el aumento de la esperanza de vida y una fecundidad en torno al valor de renovación de las generaciones de 2,1 hijos por mujer. El problema surge cuando un país, y son ya muchos los que tienen este escenario, se sitúa por debajo de una fecundidad de 2,1. Esta circunstancia ha propiciado la formulación de una nueva teoría denominada «segunda transición demográfica» (Lestaeghe, R. y Van de Kaa, D. J., 1986), que se caracteriza precisamente por la existencia de una fecundidad inferior al nivel de reemplazo y por una serie de transformaciones que afectan a la forma de unión de las parejas y a las familias (capítulo 7).

Conclusiones

La teoría de la transición demográfica, apoyada en la evolución de los valores de natalidad y mortalidad, sirve para describir y explicar el paso de un régimen primitivo a otro moderno de la población. Pese a que presenta modalidades diferentes, tiene un valor universal para analizar la evolución demográfica de los distintos territorios del planeta.

2. ¿SE PUEDE HABLAR TODAVÍA DE EXPLOSIÓN POBLACIONAL?

El 15 de noviembre de 2022, en el hospital de Nuestra Señora de la Altagracia de Santo Domingo, nació Damián, el habitante que simbólicamente permitió que la población de la Tierra alcanzase los 8000 millones. Fue hijo de madre tardía (35 años) y pesó 2,77 kilos y midió 52 centímetros. La notoriedad de su condición «ochomilmillonaria» hizo que muchos niños después tomasen también su nombre. Sin pretenderlo, Damián se ha convertido en el *influencer* más joven de la humanidad.

La cantidad de 8000 millones es suficientemente representativa para plantearnos la pregunta de este apartado. ¿Somos muchos?, ¿mantenemos todavía en la actualidad una situación de explosión poblacional en el mundo?

Dos conceptos clave

Comenzaré por dilucidar el alcance de los conceptos «población mundial» y «explosión». Cuando hablamos de población del mundo nos referimos a dos cosas distintas: la primera es simplemente una cifra (5000, 7000, 8000 millones); la segunda, una idea según la cual esos habitantes en conjunto forman una entidad capaz de actuar sobre otras y sufrir su influencia (Le Brás, H., 2012). Así como una casa o un coche son objetos visibles, la población mundial es una abstracción. Ambas versiones de la población mundial tienen historias distintas.

El deseo de conocer el volumen de habitantes que ha habido en cada momento sobre la faz de la tierra existe prácticamente desde la aparición de los primeros pobladores. En cambio, la consideración de la población como entidad, como conjunto, es mucho más reciente. Con antecedentes en la obra de algunos protodemógrafos como William Petty, el concepto no se «difundirá» hasta después de la Segunda Guerra Mundial no como expresión de la suma de las poblaciones de cada país, sino como protagonista única de la evolución demográfica. Precisamente los años centrales del siglo pasado marcan el verdadero comienzo de lo que se ha dado en llamar «explosión» demográfica, la etapa en la que la «población mundial» alcanza sus mayores niveles de crecimiento. ¿Cómo hemos llegado hasta ese punto? Prescindiendo de revoluciones como la del Neolítico, que permitió un incremento notable del número de habitantes, la población del mundo ha pasado por tres grandes fases. Una de aumento débil, hasta el siglo XVIII, correspondiente a la primera fase de la transición demográfica (capítulo 1); en ese momento, la población del mundo alcanzó sus primeros mil millones. Una segunda fase, hasta los años 60 del siglo XX, en la que, coincidiendo con la segunda fase de la transición, la población creció, más lentamente al principio, de la mano de los países desarrollados, y con más fuerza al final, con el protagonismo prioritario de las naciones en desarrollo. Y una tercera, desde el último cuarto del siglo XX, en la que se produce una clara desaceleración.

En cifras absolutas, los aumentos de conjunto son ciertamente espectaculares y cada vez más rápidos. De 1800 al momento actual, la población se multiplicó por 8. Fueron necesarios 130 años para pasar de 1000 a 2000 millones; 33 años para pasar de dos mil a tres mil; 14 para pasar de tres mil a cuatro mil; 13 para pasar de cuatro mil a cinco mil y 12 para pasar de cinco mil a seis mil, después a siete mil y, finalmente, a ocho mil. La fase álgida del crecimiento no fue muy larga y estuvo protagonizada por los Estados que primero se denominaron subdesarrollados y después, de forma más eufemística, naciones «en desarrollo». Precisamente es en este momento cuando se populariza esta denominación, sustituida a veces por la de Tercer Mundo, y cuando se establece como distinción fundamental de ese tiempo la existente entre naciones desarrolladas y subdesarrolladas, que viene a sustituir a la imperante hasta entonces entre países capitalistas y socialistas. Algunos autores como Josué de Castro (1961) constatan que una parte de esas poblaciones subdesarrolladas tienen claras deficiencias alimentarias.

La réplica del crecimiento fuerte del mundo en desarrollo la dan los países industrializados, que también mejoran sus tasas de aumento merced al llamado *baby boom* (box 1), un periodo de recuperación de la natalidad tras la Segunda Guerra Mundial. La tasa de crecimiento anual de la población en los años 60 alcanzó el 2,1 %, lo cual significaba que, de mantenerse, la población se podría doblar en 35 años. Esa tasa, aplicada a la población absoluta, suponía un crecimiento de 87 millones de personas al año, una cifra ciertamente alta, que hizo que el «discurso» sobre la población se tiñera de alarmismo.

El miedo al crecimiento

En efecto, los años 60 constituyen un periodo que Jacques Véron (2013) denomina «la dramatización del crecimiento demográfico», que se refleja tanto en los trabajos académicos como en los literarios. Como ejemplos mencionaré *La bomba de la población,* de Paul Ehrlich (1968); *Los límites del crecimiento,* de Donella Meadows *et alia* (1972); y la obra distópica *1989: el juicio final demográfico,* de Don Pendleton (1970).

Hablar de *The Population Bomb* exige mencionar a Malthus, ya que el libro se inscribe en una línea de pensamiento que denominamos malthusiano, iniciada precisamente con la obra de ese pastor protestante, y que defiende la necesidad de controlar el crecimiento demográfico para evitar un grave desequilibrio con los recursos.

La obra fundamental de Malthus es el *Ensayo sobre el principio de la población,* publicado por primera vez en 1798. En ella defiende su principal postulado de la diferencia de crecimiento de la población y las subsistencias: si no es frenada por la acción de algunos factores, la población aumenta según una progresión geométrica, mientras que los recursos lo hacen según una progresión aritmética. Con el paso del tiempo, la desigualdad de las cifras puede ser descomunal. Para Malthus, la pobreza deriva de los diferentes ritmos de crecimiento de los habitantes y los recursos, y no de la repartición desigual de la riqueza. Así, por consiguiente, no se debe prestar ninguna asistencia a los pobres (postulado igualmente importante de su discurso), porque tales ayudas no resolverían sino que agravarían el crecimiento demográfico. Ahora bien, si la distancia entre las progresiones de crecimiento no se hace infinita es debido a la acción de una serie de obstáculos que son de dos clases. Por un lado, los obstáculos represivos constituidos por las hambrunas, las guerras o las epidemias que sobrevienen cuando la población ha crecido en exceso: actúan a través de una regulación por la mortalidad que afecta especialmente a las clases más desfavorecidas; Malthus no es partidario de la acción de estos frenos, sino que propone sustituirlos por unos obstáculos preventivos: evitar que nazcan niños que no puedan ser alimentados y educados convenientemente; como buen clérigo no es partidario del control de nacimientos, sino de la utilización de lo que él llama la restricción o coacción moral. Consiste en la abstención de las relaciones sexuales antes del matrimonio y en retrasar su celebración hasta que puedan cubrirse de forma adecuada las necesidades de una familia; es decir: la castidad antes de la boda y la continencia en el matrimonio. Así pues, la fórmula de Malthus para combatir la miseria deriva de la acción de los individuos y no del Estado que, a través de las «Poor Laws», imponía a las parroquias la prestación de ayudas a los pobres que él proponía suprimir.

Es en este contexto de reducir el crecimiento demográfico a través de la acción sobre la natalidad en el que se inscriben obras como las de Ehrlich o Meadows, que pertenecen a una línea de pensamiento denominada neomalthusiana. El *The Population Bomb* de Ehrlich es una lectura catastrofista del crecimiento demográfico sobre todo de los países subdesarrollados, para los que se pronostican hambrunas y otros desastres que exigen medidas urgentes para frenar ese crecimiento. El fuerte aumento de la población es considerado como un cáncer (la metáfora fue utilizada por Julian Huxley, hermano de Aldous, el autor de *Un mundo feliz*) que debe ser extirpado a través de un control rígido en el que los EE. UU. deben jugar un papel ejemplar, empezando por ellos mismos. El objetivo es lograr una población «estable» mediante un crecimiento cero que sirva de modelo al resto de los países, sobre todo del mundo en desarrollo, a través de una campaña efectiva de reducción de los nacimientos. Entre las medidas que Ehrlich propone figuran: el retraso del matrimonio y de la edad de la maternidad (Malthus); aumentar los impuestos según el número de hijos; esterilización voluntaria a partir del segundo hijo; impulsar la legislación sobre el aborto y la educación sexual en las escuelas; ser selectivo en las ayudas internacionales y centrarse en donde puedan ser efectivas; medidas de propaganda para intentar cambiar las actitudes de la gente; y, por supuesto, programas orientados a la reducción del número de hijos. El autor americano menciona a Pakistán como ejemplo que imitar y no recomienda ayudas para aquellos países que puedan resolver por sí mismos los problemas demográficos (cita a Libia) o aquellos donde la ayuda no resulta útil debido a las dimensiones del «problema» (India).

El libro de Ehrlich tuvo mucho éxito entre los lectores cultos y los escritores de ciencia ficción, ya que ofrece escenarios futuristas completamente ficticios en los que actúan los agentes tradicionales de alta mortalidad. Precisamente en su parte final anima a la escritura de novelas u obras de teatro que centren su atención en los mundos futuros muy afectados por esas plagas mortíferas, lo que denominamos «demodistopías» Para conocerlas recomiendo el libro de Andreu Domingo *Descenso literario a los infiernos demográficos: distopía y población* (2008), en el que analiza las grandes demodistopías que aparecieron en esa etapa posterior a la Segunda Guerra Mundial, precisamente la de la explosión demográfica. Una distopía es un género literario que describe una sociedad inexistente proyectada en el futuro y caracterizada por una visión negativa de la realidad que puede considerarse como una utopía negativa; una demodistopía es la distopía que tiene a la población como elemento central de análisis. La obra de Ehrlich incluye un apéndice con modelos de cartas para sensibilizar a los medios de comunicación y a los políticos. El objetivo final es crear un *lobby* que actúe de inmediato. Él mismo fundó en 1968 la sociedad Zero Population Growth («crecimiento cero de la población»), que en 2002 se llamó Population Connection. Y siguió insistiendo en sus ideas a través de la publicación en 1990 del libro *The Population Explosion*, escrito con su mujer Anne.

En una línea parecida apareció en 1972 el libro de Donella y Dennis Meadows *Los límites del crecimiento*, que fue el primero de los «Informes al Club de Roma» y estuvo dedicado a su fundador Aurelio Peccei. El informe se basó en la simulación informática del programa World 3 concebido por los autores con el fin de recrear, con los datos existentes en ese momento, el crecimiento de la población, el desarrollo económico y el incremento de la huella ecológica de los pobladores de la Tierra en los siguientes cien años. La tesis principal es que, en un planeta limitado, las dinámicas de crecimiento exponencial (población y producto per cápita) no son sostenibles. La Tierra ofrece límites al crecimiento, como los recursos naturales no renovables, las tierras de cultivo o la capacidad del ecosistema para detener la contaminación. Los resultados del World 3 hablan de una extralimitación en el aprovechamiento de los recursos naturales que conducirá a su agotamiento progresivo y, al final, a un colapso en la producción agrícola e industrial que provocará, a su vez, una disminución de la población. ¿La solución? El crecimiento cero para detener el crecimiento exponencial de la economía y la población; solo modificando las tasas de desarrollo se logrará la estabilidad ecológica sostenible, una especie de equilibrio global para que cada persona pueda satisfacer sus necesidades y tenga las mismas posibilidades de realizar su propio potencial. Veinte años después (1992), la obra inicial se actualizó a través de una nueva versión titulada *Más allá de los límites del crecimiento*: en este nuevo libro, y con los datos recogidos, se afirmaba que la humanidad ya había superado la capacidad de carga del planeta (cantidad máxima de personas que un hábitat puede sostener de acuerdo a los recursos disponibles sin que se produzcan efectos adversos para la población y para el medio ambiente). Y en 2004 se publicó una puesta al día de ambos libros con la denominación *Los límites del crecimiento: 30 años después*. En esta publicación se insiste en la idea fundamental de que no puede haber un crecimiento poblacional, económico e industrial ilimitado en un planeta de recursos finitos.

Población, recursos... los neomalthusianos continúan con la tesis de Malthus de que hay que reducir el crecimiento demográfico porque, si no, se producirá un desequilibrio profundo con unos recursos finitos y la extensión de la pobreza a amplias capas de la sociedad. La gran diferencia entre Malthus y los que continúan con su línea de pensamiento es que el pastor anglicano no era partidario de los métodos artificiales de control, rudimentarios en su época, y los neomalthusianos sí justifican su uso para conseguir el fin de ralentizar el crecimiento. Pero permítanme saltar de la ciencia a la literatura y presentarles una de esas distopías demográficas. Utilizaré el libro de Don Pendelton *Population Doomsday* (*El juicio final demográfico*). La obra transcurre en EE. UU., que tiene en ese momento una (ficticia) población de 390 millones y se encuentra amenazado por la contaminación y la posibilidad de una gran hambruna. En estas circunstancias gana las elecciones presidenciales un miembro del Partido Ecologista, escisión del Partido Demócrata. La primera decisión que toma es declarar el estado de excepción, que supone la concentración absoluta del poder en manos de la presidencia y una nacionalización de la producción y el consumo de los combustibles; esta decisión suscita el recelo de los ciudadanos y alimenta una fuerte oposición del mundo empresarial. En esa coyuntura se produce en Indiana una catástrofe ecológica (100 000 fallecidos) que actúa como detonante de la adopción de medidas drásticas de control de la población, a la que se hace responsable del deterioro ambiental. Las medidas son de dos tipos. Ante todo, un fuerte control de los nacimientos a través de la esterilización masiva y los abortos obligatorios, ya que se considera que la difusión de las píldoras anticonceptivas y los abortos restringidos solo han conseguido limitar los alumbramientos de hijos no deseados. A estas disposiciones se añade la suspensión de ayudas para programas de alargamiento de la vida, especialmente de los enfermos terminales, y la incentivación de la eutanasia voluntaria a partir de los 55 años. El Gobierno es acusado de tener una política genocida y se suceden protestas especialmente por parte de los empresarios. Pero, otra vez, las catástrofes ecológicas apoyan la decisión de la presidencia: una nube tóxica procedente de África arrasa Buenos Aires, causando un millón de muertos; en el subcontinente indio se produjo un episodio de fuerte hambruna, y en la Unión Soviética, un pico elevado de defunciones por el consumo de pescado en malas condiciones. Se advierte que el problema es global y los EE. UU. se autoproclaman líderes mundiales en la lucha contra la contaminación, aunque no logran grandes resultados. Al final de la novela, la energía nuclear aparece como redentora. Una voladura controlada de 25 bombas atómicas en torno al Ecuador acaba con la intensa contaminación de la atmósfera del planeta. Entonces, el presidente de los EE. UU. renuncia al cargo y devuelve el poder al Congreso.

Las tres obras reseñadas son solo una muestra de la amplísima literatura que, en los años 60 y 70 del siglo pasado, manifestaba su inquietud por el fuerte aumento de la población y la necesidad imperiosa de controlarlo. Pero, mientras tanto, la intensidad del crecimiento empezaba a disminuir.

La ralentización demográfica

A estos efectos, conviene diferenciar el crecimiento en cifras absolutas y la tasa de crecimiento anual. En cifras absolutas, la población del mundo ha seguido multiplicándose con intensidad como hemos visto: 7000 millones en 2011 y 8000 millones en 2022. Sin embargo, la tasa de crecimiento anual, que alcanzó su máximo en el primer quinquenio de los años 60 con un 2,1 %, bajó a 1,5 % en los años 90 y a 0,9 % en 2023; una tasa considerablemente más baja pero que, aplicada a poblaciones absolutas más numerosas, explica la todavía fuerte escalada del número total de habitantes. Es lo que llamamos la inercia demográfica. Pero imaginemos que la tasa actual de crecimiento anual siguiera siendo del 2,1 % y que la aplicamos a una población de 8000 millones. Eso nos permitiría alcanzar la cifra de 9000 millones en poco más de 6 años, cosa que con la tasa actual no va a ocurrir, pues, además, todo indica que va a seguir bajando.

Conclusiones

Así pues, ya podemos contestar a la pregunta del enunciado: ¿podemos seguir hablando de explosión poblacional? Ciertamente no. Ese periodo ha pasado ya y se puede considerar como excepcional e irrepetible. Como dice el título del libro de Fred Pearce (2011), *El apocalipsis demográfico no tendrá lugar*, lo cual no quiere decir que no asistamos todavía a una fuerte expansión de la población del planeta y a la necesidad de enfrentarnos a los retos que va a plantear.

3. ¿ESTÁ LA POBLACIÓN DEL MUNDO BIEN REPARTIDA?

Tömörbatar es un agricultor y cazador que habita en una zona cercana al desierto de Gobi. Está casado con Bolormaa y tienen dos hijos: un varón, Ganzorig; y una chica, Oyunachimeg. La familia lleva una vida solitaria, casi sin contactos con los vecinos, porque estos apenas existen. Y es que Mongolia, su país de origen, es uno de los más despoblados de la Tierra, con una densidad de 1,55 habitantes por km². Anika es secretaria de dirección y posee un minúsculo apartamento en el área suburbana del gran Tokio, que con casi 44 millones y una densidad de 14 000 habitantes por km² es la más populosa del mundo; ella sí se ve obligada a mantener permanentes contactos con los cientos (miles) de personas que forman parte de su marco habitual de existencia, en un entramado urbano, diverso, complejo y a veces inhóspito.

Son dos ejemplos extremos de lo que sucede en el mundo de hoy, caracterizado por grandes contrastes en la distribución de la población, con grandes concentraciones y extensos vacíos. Somos ya 8000 millones y seguimos creciendo, pero estamos muy mal repartidos.

Vamos a ver los desequilibrios del reparto a través de tres grandes aproximaciones: de los tres grandes bloques definidos por su nivel de desarrollo (países desarrollados, en desarrollo, naciones pobres); de grandes conjuntos regionales de acuerdo a la clasificación de la ONU; y de los grandes espacios de concentración versus las zonas vacías de poblamiento. En el caso de las dos primeras perspectivas, compararé la situación en 1950 (los comienzos de la gran explosión) y la de 2022 (el año de los 8000 millones).

Los datos de la primera aproximación son elocuentes. Los países desarrollados, que protagonizaron la primera transición demográfica pero que ya están en su fase final e incluso en la segunda transición (capítulo 1), aunque suman habitantes (alrededor de 460 millones), no dejan de perder peso en el conjunto de la población mundial. El que ganan las naciones en desarrollo, que experimentan un crecimiento espectacular de sus efectivos (cerca de los 5000 millones) y un aumento de su peso relativo hasta rebasar el 84 % del total. Dentro de este grupo se singulariza un conjunto de naciones de muy bajo nivel económico (naciones pobres) que también experimentan una subida vigorosa.

También se han producido cambios en el reparto por grandes conjuntos regionales (cuadro 1), que se pueden sintetizar así:

C.1. Distribución de la población por grandes regiones

	1950		2022	
	Total	%	Total	%
África subsahariana	179	7	1152	14,5
Africa del Norte y Asia Occ.	100,2	3,9	549	6,9
Asia Central y del Sur	510,7	20,13	2075	26,1
Asia Oriental y Suroriental	842,6	33,3	2342	29,5
América Latina y Caribe	168,8	6,6	658	8,3
Australia y Nueva Zelanda	10	0,4	31	0,4
Oceanía	2,8	0,1	14	0,2
Europa y Norteamérica	721,9	28,6	1120	14,1
Total	2536,4	100	7942	100

En términos absolutos, la población crece en todos los territorios, no en vano pasamos de 2500 a 8000 millones de personas.

— Los incrementos más fuertes corresponden al continente asiático y al África subsahariana. También son significativos los de América Latina, África del Norte y Asia Occ., y ya menores los de Europa, Norteamérica y Oceanía, incluida Australia.

— Por su peso relativo, las dos subzonas de Asia reúnen solas casi el 56 % de los efectivos y son especialmente dignos de mención la fuerza que adquiere el África subsahariana, que dobla su peso, y el desfonde de Europa, que lo reduce a la mitad.

Veamos finalmente el reparto por los grandes focos de concentración demográfica y los fuertes contrastes que existen con los espacios vacíos. La densidad media (57 habitantes por km^2) no resulta especialmente elevada, pero ese promedio enmascara fuertes desigualdades. El crecimiento demográfico reciente ha generado un proceso de acumulación de personas en algunos territorios con fuertes concentraciones y altas densidades que contrastan con otros espacios de muy reducido poblamiento.

Empezaré por señalar algunos rasgos generales del reparto.

— Ante todo, es preciso recordar que lo que tradicionalmente llamamos el ecúmene, es decir, el espacio habitado, abarca hoy la totalidad del planeta. No hay vacíos absolutos ni tierras completamente inexploradas. Incluso territorios muy despoblados como las zonas Ártica y Antártica pueden tener en el futuro una presencia humana más importante como consecuencia del deshielo provocado por el cambio climático

— Hay un desequilibrio fuerte entre los dos hemisferios. Más del 80 % de la población vive en el hemisferio boreal (especialmente entre los 20 y los 60 grados de latitud) debido a la mayor superficie de tierras emergidas.

— En cuanto a la localización precisa, las zonas bajas y las fachadas marítimas ocupan la mayor parte del poblamiento. Más de la mitad de la humanidad vive a menos de 200 metros de altitud, tres cuartas partes a menos de 500 kilómetros del litoral y un cuarto a menos de 50 km de la costa.

— Por último, la mayoría de la población habita ya en ciudades. La tasa general de urbanización es del 55 % y la tasa anual de crecimiento de la población urbana se estima en 1,80 % frente al 0,09 % para las zonas rurales.

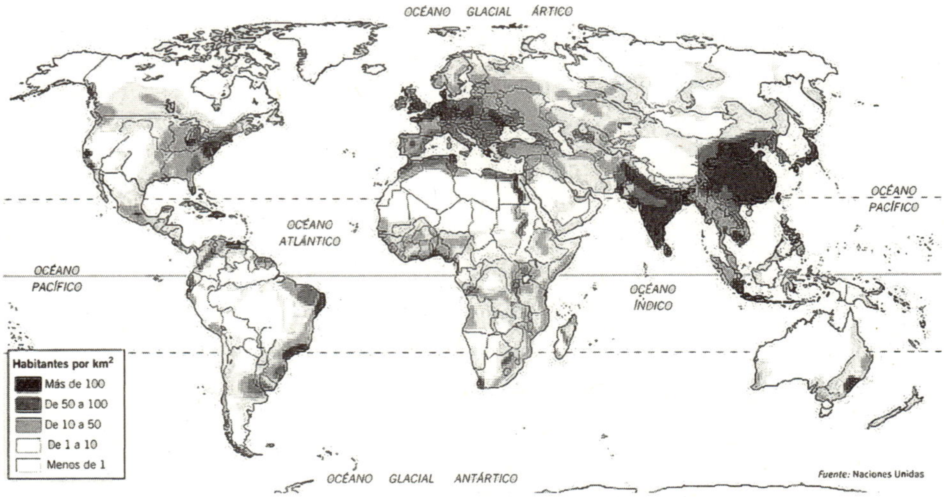

Figura 2. Distribución de la población mundial
[a partir de Méndez Gutiérrez del Valle, R. *et alia*, 2007].

Echemos ahora una ojeada al mapa de la población mundial (figura 2). En él se aprecian tres zonas de fuerte concentración: el subcontinente indio, la fachada oriental de Asia y Europa; estos focos concentran más del 56 % de la población del planeta. El subcontinente indio agrupa las poblaciones de la India (el país más poblado de la tierra), Pakistán, Bangladés, Nepal, Bután y Sri Lanka; la densidad media es de unos 400 habitantes por km^2, con valores muy altos en las zonas rurales y algunas concentraciones urbanas colosales como Bombay, que reúne más de 20 millones de personas. Asia oriental (el segundo foco) engloba el Japón, las dos Coreas, China y Taiwán: reúne unos 1700 millones, con densidades igualmente fuertes que en algunas zonas rurales pueden llegar a alcanzar los 1000 habitantes por km^2; hay varias aglomeraciones urbanas multimillonarias a la cabeza de las cuales se sitúa el gran Tokio, con sus más de 40 millones. Europa constituye el tercer gran foco con unos 600 millones de personas (sin Rusia), una cifra que supone un porcentaje modesto (8 %) frente al 60 % del conjunto del continente asiático; la densidad media es de unos 100 habitantes por km^2 y la población es netamente urbana, con zonas rurales moderadamente habitadas y, en algunos casos, bastante despobladas (España); hay una dorsal de fuerte concentración a lo largo de un eje cuyos extremos son el sur de Gran Bretaña y el norte de Italia; aglutina las regiones más urbanizadas e industrializadas de Europa (de Londres a Milán), a ambos lados de las cuales las densidades, sobre todo en los bordes, se moderan.

Además de estos grandes focos, existen otras áreas de concentración secundaria, más modestas por su extensión y acumulación de habitantes. Se trata del golfo de Guinea, el archipiélago indonesio, el núcleo norteamericano (zona de los Grandes Lagos y la aglomeración de Boston a Washington), el llamado Creciente Fértil (delta del Nilo y zona litoral de Próximo Oriente) y los pequeños agrupamientos de América del Sur (sudeste brasileño y área del Caribe).

Los grandes vacíos corresponden a las siguientes zonas:

— Las regiones frías (espacios helados del Ártico, Antártico, Groenlandia y en general las tierras situadas al norte del paralelo 55). La población vive muy dispersa y las densidades están por debajo de los 5 habitantes por km^2.

— Las zonas desérticas de África, Asia, América o Australia.

— Las regiones tropicales húmedas, de las que son ejemplos singulares la cuenca amazónica, la cubeta congolesa o ciertas islas de Indonesia (Sumatra, Borneo).

— Los grandes macizos montañosos (Himalaya, cordillera de los Andes, cadenas de Asia central, Rocosas...).

En total, todos estos espacios vacíos representan alrededor del 25 % de las tierras emergidas, pero solo reúnen un 3 % de los habitantes de la Tierra.

La existencia de estas grandes agrupaciones y estos vacíos demográficos obedece a la combinación de todo un conjunto de factores naturales y sociales. No se puede negar el papel que los factores naturales desempeñan en la configuración del mapa actual del reparto. Sin caer en un determinismo geográfico que atribuye a las condiciones del medio físico un papel cuasiabsoluto en la distribución y las actividades de la población, es preciso admitir la función que el clima, el relieve, la importancia del agua, la calidad de los suelos o la localización de los recursos energéticos o minerales juegan en el poblamiento. Casi siempre, explicando su ausencia o la existencia de bajas densidades, aunque, a veces, también la aparición de focos de mayor concentración (valles fluviales, cercanía a la línea litoral, oasis, yacimientos de materias primas...).

Pero no entenderíamos el mapa sin la consideración de los factores sociales e históricos, como la antigüedad del poblamiento, los movimientos migratorios o las etapas importantes de progreso económico. Los tres grandes focos de concentración coinciden con zonas de instalación temprana de la población. América o Australia no se entenderían sin considerar la llegada de la inmigración internacional. Las etapas de progreso de la agricultura (Neolítico) o la Revolución Industrial (siglo XVIII) explican en buena parte las zonas de alta densidad agraria en Asia o algunos de los ejes de poblamiento de Europa.

Conclusiones

La población está muy desigualmente repartida por la superficie del planeta. Territorios de fuerte densidad contrastan con inmensos vacíos demográficos. Esta configuración es el resultado de largos procesos que se remontan al origen de la humanidad. En su determinación han intervenido múltiples factores interdependientes que dan lugar a un sistema complejo. Los factores naturales explican en parte las desigualdades, pero la historia y los hechos económicos y sociales completan el cuadro explicativo de la desigual presencia del hombre sobre la Tierra.

4. ¿NACEN DEMASIADOS NIÑOS?

Zakari y Hawa residen en Níger (el país con más alta fecundidad del mundo, 6,12 hijos por mujer) y tienen seis hijos vivos; un séptimo se murió a los pocos días de nacer. Pese a la alta mortalidad infantil del país (40 por mil), lograron sacar adelante a Ibrahim, Rachida, Hassana, Hamadou, Yacouba y Malam. Zakari tiene 36 años y su mujer 29. Viven en el departamento de Zinder, dedicados a una magra agricultura en uno de los países más pobres de África, donde dos tercios de la población (26,2 millones) están por debajo del umbral de la pobreza. El matrimonio espera conservar a todos sus hijos y que pronto les ayuden en sus tareas y en el futuro en su propia vejez.

Eun Yeong (34 años) y Seong Jinu (36) tienen una sola hija llamada Hana, que precisamente significa «Uno». Viven en Seúl, en la República de Corea, que es el país con más baja fecundidad del planeta (0,81 hijos por mujer) pese a los intentos del Gobierno por elevarla. Eun trabaja en Hyundai Motor Company y Seong en Samsung Electronics. Laboran muchas horas a la semana, pero tienen dos sueldos muy saneados que permiten que Hana crezca entre algodones. Les habría gustado que su único hijo hubiera sido un varón, pero no se plantean tener más.

Níger y Corea son los extremos de una cadena de fecundidades en la que existen valores muy diversos, pero todos ellos caracterizados por una tendencia común: su disminución generalizada, que explica, a su vez, la ralentización del crecimiento que describía en el capítulo 2.

El primer objetivo de este apartado es examinar cómo se ha producido esa caída desde los años 50 del siglo pasado hasta el momento actual. El segundo, analizar los factores que la explican. Y, por último, ofrecer el mapa que hoy arroja la fecundidad a escala internacional. Y hablo de fecundidad porque observar los hijos que tienen las mujeres y ver si son o no suficientes para renovar las generaciones es la mejor forma de acercarse al estudio de la natalidad.

Cada vez menos niños

La caída de la fecundidad en los últimos 70 años ha sido realmente fuerte. A mediados del siglo pasado, más del 70 % de los países tenían una tasa igual o superior a los 5 hijos por mujer y solo uno estaba por debajo del umbral de renovación de las generaciones. En 2020-25, solo siete países tienen 5 o más hijos por mujer y 97 (prácticamente la mitad) no renuevan las generaciones. En términos de población, esos países reúnen ⅔ de los habitantes de la tierra. La tasa global se ha reducido a la mitad (de 5 a 2,5 hijos por mujer).

Las causas del declive

¿Cuáles han sido los factores han provocado una caída tan intensa como generalizada? Citaré inicialmente dos que han resultado decisivos: el descenso de la mortalidad infantil y la multiplicación del uso de los métodos de control. En los tiempos previos a la transición demográfica, más de un hijo de cada cuatro fallecía antes de celebrar su primer cumpleaños y otro, entre los tres supervivientes que cumplían su primer aniversario, moría antes de alcanzar la edad adulta. La mortalidad infantojuvenil era superior al 50 %. ¿Cómo era posible que nuestros antepasados pudieran soportar la pérdida de más de la mitad de los hijos que engendraban? Posiblemente, la respuesta es que solo manteniendo una cierta distancia afectiva con unos *nasciturus* que podían morir antes del parto o inmediatamente después era posible tolerar esa situación. Hoy día, el panorama ha cambiado radicalmente. Hay países en donde las parejas pueden conservar la casi totalidad de los hijos que engendran y otros, los menos afortunados, la mayoría de los que conciben. En los territorios desarrollados, de cada 100 nacidos vivos, solo el 0,4 no llegan al año de vida; y en los «en vías de desarrollo», únicamente 3 de cada 100. Solo las naciones más pobres tienen una situación algo peor (4,3 fallecidos de menos de un año por cada 100 nacidos). Quizás eso ha provocado una intensificación de los afectos por los alumbrados, corrigiendo el desapego de la etapa donde había más concepciones, más nacimientos, pero también más muertes de niños pequeños.

El descenso de la mortalidad infantil ha permitido mantener (o casi) los hijos concebidos. La multiplicación de los métodos de control planifica los tamaños familiares deseados. En tiempos pretransicionales ya se usaban distintos procedimientos (naturales y artificiales) para regular o impedir los embarazos, aunque su eficacia era reducida; hoy, junto con los tradicionales, se emplean los llamados métodos modernos, de mucha mayor eficacia. Gobiernos, organismos internacionales o instituciones pretendidamente filantrópicas han llevado a cabo campañas agresivas y una amplia difusión de algunos métodos que sin duda han contribuido al descenso observado desde la segunda mitad del siglo pasado. Algunos países en desarrollo se rebelaron al principio con el argumento de que el mejor método de control era el desarrollo y en otros se cometieron excesos verdaderamente espeluznantes para reducir los nacimientos, como en China o la India (capítulos 22 y 23), pero lo cierto es que el uso de los procedimientos de planificación fue ganando terreno. En la actualidad, los porcentajes de mujeres casadas o que viven en pareja y que usan métodos de control son del 67 % en los países desarrollados y del 62 % en las naciones en desarrollo; solo en las naciones más pobres se reducen al 39 %.

La caída de la mortalidad infantil es un fenómeno biológico que se relaciona con los avances de la medicina, la alimentación, la higiene o la educación. Y el empleo de los métodos anticonceptivos tiene más la condición de instrumento que de causa del retroceso de los nacimientos. Hay otros factores que, primero en los Estados industrializados y después, progresivamente, en todos los demás, contribuyeron al descenso: sin duda, el más importante ha sido la expansión educativa producida a lo largo del siglo XX y en lo que va del XXI. La difusión de la educación ha contribuido a reducir el analfabetismo, a mejorar las tasas de escolarización en todos los niveles y a incrementar los años de escolarización terminados. Se trata de una verdadera revolución que ha afectado a los dos sexos, pero especialmente a las mujeres: es la base de su «empoderamiento» progresivo, entendido como el proceso a través del cual adquieren ciertas capacidades y refuerzan su función en una sociedad en la que con anterioridad los hombres ostentaban el protagonismo. Al papel secundario de la mujer en las sociedades patriarcales sucede una etapa de mayor relevancia, debida en parte a su incorporación creciente al mundo laboral. Estos procesos se producen en un contexto de progresiva urbanización y secularización de la sociedad, en donde los sentimientos religiosos pierden fuelle. Y no podemos olvidar la competencia que los hijos plantean al deseo de progreso económico y bienestar material de las parejas. El individualismo y un cierto materialismo han actuado de factores limitantes de la natalidad.

Toda esta multiplicidad de circunstancias se sintetiza en el modelo explicativo de Coale (1973). Según este autor, la caída de la fecundidad se produce cuando se dan estas tres circunstancias:

— La aceptación de que la elección calculada constituye un elemento válido de la fecundidad matrimonial.

— La percepción de que una fecundidad reducida representa una ventaja social y un beneficio económico.

— El conocimiento y la utilización de procedimientos efectivos para controlar la fecundidad.

Las tres condiciones forman un sistema de tal manera que la ausencia de uno de ellos condiciona la eficacia de los demás. Lo importante es destacar el carácter de modelo de síntesis de la teoría de Coale, porque engloba a la vez factores sociales, económicos e instrumentales, sin olvidar los biológicos, ya que en la determinación del tamaño medio familiar juega un papel decisivo el poder conservar (casi) todos los que se conciben. En aquellas sociedades en las que las parejas consideran que son las únicas que deben decidir si quieren tener un hijo o varios y cuándo los quieren tener; que juzgan, por motivos no siempre altruistas, que tener menos hijos es mejor que tener muchos; y que tienen a su disposición y no tienen reparo en usar los métodos conceptivos más eficaces, la natalidad es baja. En aquellas otras donde los matrimonios juzgan que por ciertos motivos (religiosos o de otro tipo) no «deben» actuar sobre la natalidad; donde juzgan que tener más hijos es mejor que tener pocos (razones laborales o de cuidado en la vejez); y no tienen a su disposición los métodos de control o no quieren usarlos, la natalidad baja con más dificultad o lentitud.

No obstante, la caída de la fecundidad que se generaliza por doquier se traduce ya en muchos países en un descenso del volumen absoluto de nacimientos, a lo cual contribuyen también dos circunstancias, especialmente en los países más adelantados:

— La reducción de las mujeres en edad de procrear (15-49 años) debido a las bajas natalidades previas, que reducen la población joven. Como he dicho, este hecho atañe especialmente a los países industrializados y menos a las naciones en desarrollo, donde actúa todavía una estructura por edades muy joven. Pero la circunstancia afectará también a estas últimas.

— El retraso en la edad de tener los hijos, lo cual hace que el tamaño medio familiar sea pequeño. Una mujer que tenga su primer hijo a los 33 o más años va a tener pocos más o ninguno. En los países desarrollados observamos que dan a luz por primera vez más mujeres de más de 40 años que de menos de 20. Pero, en cualquier caso, los hijos son escasos, pues las mujeres empiezan a volverse menos fértiles a partir de los 30 años. El retraso, una vez más, es característico de las sociedades occidentales, pero poco a poco va calando en el resto de las naciones conforme crecen los niveles educativos y la incorporación de la mujer al mundo laboral. En 2021 hubo 13,3 millones de niños alumbrados por madres con menos de 20 años (10 % del total de nacimientos). Son quizás todavía muchos, pero su volumen ha disminuido en todas partes, incluso en el África subsahariana y América Latina y el Caribe, que siguen teniendo los valores más fuertes. Ciertamente, los alumbramientos tan tempranos constituyen un problema para la salud de las madres y los recién nacidos, debido a lo cual distintos países africanos y latinos han adoptado medidas para reducirlos.

Esa caída generalizada de la fecundidad no se ha traducido en un descenso de los nacimientos anuales, que han permanecido estables en torno a los 140 millones desde finales de la década de los 80, debido a la estructura por edades tan joven de los países en desarrollo. En 2021, la cifra anual de nacimientos fue de 134 millones. Imaginémonos, por un momento, que en vez de una tasa de fecundidad de 2,2 hijos por mujer, que es la actualmente existente, tuviéramos la de los años 60 del siglo pasado (5 hijos por mujer). ¿Cuál sería el volumen anual de alumbramientos? La cantidad rebasaría los 319 millones.

El mapa actual de la natalidad

Si nos centramos en los nacimientos, las cifras más altas corresponden al continente asiático y africano: Asia Central y del Sur (28 % del total de nacidos), Asia del Sudeste (18 %) y el África subsahariana (29 %), la región con los niveles más altos de fecundidad.

En cuanto a la fecundidad, esta ha sido su evolución. Si ahora nos adentramos en el análisis de los índices de fecundidad, estos son los principales resultados:

C.2. Evolución de las tasas de fecundidad por continentes

Continentes	1950-55	2020-25
África	6,57	4,16
Asia	5,83	2,09
Europa	2,66	1,62
América Latina y Caribe	5,83	1,96
Norteamérica	3,34	1,76
Oceanía	3,89	2,3

Fuente: *World Population Prospects*.

— En comparación con el periodo 1950-55, se observa una caída generalizada en todos los continentes.

— Los retrocesos más fuertes se dan en Asia y América Latina.

— África también evoluciona hacia tasas más bajas, pero el descenso ha tenido menos intensidad. No obstante, ha sido de casi 2,5 hijos por mujer, una cifra superior a los descendientes que se necesitan para renovar las generaciones.

— Salvo el continente africano y Oceanía, los demás ya no renuevan sus generaciones.

— La peor situación en cuanto a la fecundidad la tiene Europa, seguida a muy poca distancia por América del Norte.

Si descendemos a nivel regional, estos son algunos de los rasgos distintivos:

— Dos tercios de la población mundial vive en países con índices por debajo de 2,1 hijos por mujer.

— La mayoría de los territorios de Europa, Norteamérica y Australia/Nueva Zelanda tienen una baja o muy baja fecundidad desde finales de los 70, con bastantes Estados con niveles de fecundidad por debajo de 1,5 hijos por mujer (o incluso menos). Cuando se llega a este umbral, es muy difícil la recuperación, como luego veremos al analizar las políticas de ayuda familiar (capítulo 8).

— En Asia, la fecundidad retrocedió con más rapidez que en Europa debido al progreso económico y a las campañas de planificación apoyadas por los Gobiernos de muchos Estados: China, India, Japón, Corea...

— Desde 2018, América Latina y el Caribe integran la lista de espacios donde la fecundidad cae por debajo de 2 hijos por mujer. También aquí los procesos fueron rápidos e intensos.

Con una pretensión simplificadora, podríamos decir que la fecundidad es generalmente baja en los territorios industrializados y que está descendiendo, aunque todavía es alta, en bastantes Estados del mundo en desarrollo, en particular en los más pobres. Pero, en el seno de cada uno de estos dos grandes grupos, hay poblaciones que tienen un comportamiento diferencial respecto a los conjuntos en los que se integran. A modo de ejemplo voy a presentar el caso de Irán, como nación de baja fecundidad en el ámbito de otros países árabes y del mundo en desarrollo, y el de un grupo judío ultraortodoxo (los haredim) que multiplica por dos, incluso por tres, la fecundidad de Israel (3 hijos por mujer), que no es de por sí de las más bajas del primer mundo. La comparación tiene el valor añadido de señalar conductas diferentes y quizás no esperables entre grupos de población árabes y judíos.

En la etapa del sah Reza Pahlevi se había iniciado en Irán una tímida política de planificación familiar que se suprimió con la llegada de la revolución islámica, de la mano del ayatolá Jomeini, en 1979. Poco después tiene lugar la guerra con Iraq, de la que no vuelven más de medio millón de soldados. El mandatario iraní exhorta entonces a las mujeres de su país a engendrar una nueva generación de soldados, provocando una elevación de la fecundidad hasta los 7 hijos por mujer e incluso hasta los 9 en determinadas zonas rurales. Solo en 1985, cuando la guerra acaba y se comprueba que la población está creciendo de manera intensa, se vuelve a autorizar la planificación, que empieza a reducir el tamaño medio familiar. La tendencia a la baja se va a acentuar en los años 90 de la mano de un aumento del nivel de vida y de la intensificación de las campañas de control de los nacimientos. Según el demógrafo Peter McDonald, Irán vive en esta época «la mayor y más rápida caída de la fecundidad registrada en el mundo» (incluso más intensa que la de China). En 2006, el presidente Ahmadineyad llama a las mujeres a tener más descendientes, pero sin demasiado éxito. Resulta curioso cómo, en un país donde los hombres dominan la esfera pública y controlan las leyes del matrimonio, las mujeres, que pueden ser maltratadas si deambulan con la cabeza descubierta, reinan en la esfera privada e imponen, con frecuencia, sus decisiones sobre el tamaño familiar. Asistimos a un cierto proceso de empoderamiento merced a un crecimiento fuerte de sus niveles educativos, que no siempre provocan un aumento de su presencia en el mercado laboral; sin embargo, su preferencia por las familias reducidas es un hecho incontrovertible y su uso de los modernos métodos de planificación es el más alto del mundo musulmán (un 77 % de las mujeres). No nos puede extrañar que su tasa de fecundidad actual esté en 1,7 hijos por mujer (exactamente la misma que tiene Suecia), frente a los 6,6 hijos en 1980. Como veremos más adelante (capítulo 26), el retroceso de la fecundidad en Irán no es único en el mundo musulmán y ya hay algunos Estados que están por debajo del reemplazo de las generaciones (Marruecos, Túnez, Turquía...).

En países de baja natalidad aparecen, a veces, enclaves de fecundidad fuerte protagonizados por grupos con una especial componente religiosa. Este es el caso de los huteritas de Canadá o EE. UU., que tienen medias de 10 hijos debido a la prohibición de cualquier método de control, el aborto y la prolongación de la lactancia más allá de lo razonable. Y es el caso de los citados haredim, judíos ultraortodoxos que tienen alrededor de 8/9 hijos por familia y se localizan sobre todo en el barrio Mea Shearim de Jerusalén: son personas que se casan pronto, no usan ningún tipo de planificación y recurren a la fecundación *in vitro* si las jóvenes casadas no se quedan pronto embarazadas; la población haredim, compuesta de centenares de familias numerosas, se dobla cada 15 años y las mujeres no tienen ningún otro papel en la sociedad que el de tener hijos y educarlos. Pese a las críticas que reciben, hasta el extremo de ser considerados como «parásitos» por su escasa aportación a la economía nacional y las fuertes ayudas que reciben del Estado, sí que contribuyen a la fecundidad media del país, que se sitúa en 3 hijos por mujer. Una cifra solo algo más pequeña que la de las mujeres árabes de Gaza y Cisjordania (3,7 hijos), cuestión importante en una región donde la demografía desempeña un papel político y estratégico de primer orden.

Conclusiones

La fecundidad, como el propio crecimiento, ya no es lo que era. Ha bajado en todas partes hasta tal punto que los países donde no se renuevan las generaciones agrupan ⅔ de la población mundial. No obstante, todavía se observan diferencias significativas entre continentes y naciones. Europa y sus países ejemplifican el territorio con la fecundidad más baja, y el África subsahariana, el ámbito con las cifras más altas. Caminamos hacia una convergencia de valores, pero todavía tardará en llegar. Las tasas de fecundidad caen, pero los nacimientos anuales se mantienen estables, debido a la estructura tan joven que tienen muchos países del mundo en desarrollo. Pero esta situación también va a evolucionar a la baja a medida que cambie la estructura por edades.

5. ¿EXISTE UN LÍMITE A LA DURACIÓN DE LA VIDA HUMANA?

Introducción

María Branyas Morera nació el 4 de marzo de 1907 y murió en 2024 a los 117 años y 168 días. Desde enero de 2023 ostentó la condición de ser la mujer viva más longeva del mundo. Estuvo casada y tuvo tres hijos, once nietos y trece biznietos. Vivía en una residencia para mayores en Olot y en 1920, a sus 113 años, logró superar el covid. Fué la mayor de los casi 20 000 centenarios que tenemos en el país e integró esa nueva categoría que llamamos supercentenarios, que son las personas con 110 años y más. Récord de longevidad en España y en el mundo, solo le faltaron seis años para alcanzar la marca de la vida más larga jamás lograda, que ostenta, por el momento, la francesa Jeanne Calment con 122 años.

La gente se muere cada vez más tarde, pero la parca no contempla excepciones. La inmortalidad no es un hecho posible ni próximo y no sé siquiera si alcanzable. Por ello tenemos que seguir hablando de la muerte y hacerlo desde una perspectiva optimista, ya que seguimos ganándole partidas aunque a ella le corresponda el jaque final.

Pretendo presentar las batallas ganadas a través de dos análisis complementarios: el retroceso generalizado de la mortalidad infantil y la elevación constante de la esperanza de vida al nacer. Después expondré un modelo explicativo de valor universal —la teoría de la transición epidemiológica—, las variaciones en las causas de la mortalidad, las desigualdades ante la muerte y, por último, el concepto de esperanza de vida en buena salud. No están todos, pero creo que es una correcta selección de temas para conocer más de cerca la situación de la mortalidad en el mundo.

Mortalidad infantil y esperanza de vida

La mortalidad infantil es un indicador que mide la relación entre los niños fallecidos menores de un año y los niños nacidos ese mismo año. Los valores se expresan en tantos por mil. La comparación entre las cifras de mediados de los 50 y las actuales mide la importancia del retroceso, que cabe calificar de espectacular. A nivel global, hoy se mueren en el mundo cinco veces menos niños menores de un año que en 1950. Los países desarrollados presentan tasas por debajo de 5 por mil, y las naciones en desarrollo, por debajo de 30 por mil. Solo las naciones más pobres, sobre las que influye claramente la mortalidad africana, tienen valores superiores al 40 por mil, con algunos países subsaharianos (Nigeria, Sierra Leona, Somalia, República Centroafricana) por encima de 70 por mil. La educación, especialmente de las madres, ha sido el factor más decisivo del retroceso. Como bien recordaba el gran demógrafo francés Alfred Sauvy, «la ignorancia es más mortífera que la pobreza». Una educación adecuada no solo permite un mejor cuidado de los recién nacidos, sino la mejora de la salud de las propias madres y, en consecuencia, la reducción de la mortalidad durante el embarazo y el parto. Evidentemente, junto con este factor han actuado los agentes que provocan el descenso de la mortalidad a cualquier edad: la difusión de la medicina moderna (vacunas, antibióticos), el desarrollo socioeconómico, la mejora de la alimentación y la higiene o la participación activa y creciente de los Gobiernos y las agencias internacionales en la organización de los sistemas de salud.

La esperanza de vida es el cálculo de los años que puede esperar vivir una persona, bien en el momento de nacer, o bien cuando alcanza una determinada edad. La esperanza de vida al nacer equivale a la duración media que tendría la vida de cada uno de los miembros de una generación si se repartiesen entre todos los años vividos por el conjunto. De nuevo, la comparación entre los años centrales del siglo pasado y los actuales pone de manifiesto los progresos en la lucha contra la muerte. A escala planetaria se han ganado 25 años de vida, menos en los países desarrollados que partían de cifras más altas y casi el doble en las naciones en desarrollo, incluso en las más pobres. Esto ha reducido mucho la diferencia existente entre los tres grandes bloques. Y lo mismo ha sucedido a nivel continental: los tres continentes desarrollados rondan los 80 años de esperanza de vida al nacer y América Latina se sitúa solo ligeramente por detrás; únicamente África tiene cifras claramente más bajas, aunque evoluciona favorablemente, recortando aprisa las diferencias.

Mortalidad infantil y esperanza de vida no solo son dos medidores precisos de la situación de la mortalidad, sino también del nivel socioeconómico de un país. Existe una relación directa entre cualquiera de esos índices y el grado de desarrollo de un territorio en el sentido de que, cuanto más baja es la tasa de mortalidad de los niños y más alta la esperanza de vida, mejor es el nivel y la calidad de vida de un espacio y viceversa.

Un modelo explicativo

Así como la teoría de la transición demográfica sirve para explicar las transformaciones y el cambio de régimen de la población mundial, la llamada transición epidemiológica (Omran, 1971) presenta un modelo de transformación de las diferentes causas de mortalidad y de la morbilidad (la incidencia y prevalencia de las enfermedades).

Antes de la transición predominan las enfermedades infecciosas y parasitarias. En el transcurso de la transición crecen las enfermedades crónicas, degenerativas (cardiovasculares, cerebrales, tumores, diabetes), y se amplían las dolencias mentales y los accidentes. Como en la teoría de la transición demográfica, se diferencian tres grandes fases: la etapa del hambre y la peste, durante la cual la esperanza de vida no sobrepasa los 30 años; la del retroceso de las pandemias, en la que la esperanza de vida se sitúa entre 30 y 50 años; y la de las enfermedades degenerativas, en la que el indicador va subiendo hasta alcanzar una cierta estabilización.

La variación de las causas de fallecimiento está acompañada de un cambio en la edad habitual de fallecer: de morir prioritariamente «de joven» se pasa a fallecer sobre todo «de viejo». A grandes rasgos, la teoría se cumple. Las personas se mueren cada vez más tarde y hay una cierta correlación entre los niveles de mortalidad y las causas que la provocan. Las enfermedades infecciosas, parasitarias y trasmisibles predominan en los territorios de mortalidades altas; en cambio, las muertes causadas por enfermedades degenerativas o esas que llamamos «sociales» son más frecuentes en contextos de baja mortalidad. Pero no todo se verifica de acuerdo al pronóstico predicho. Gracias a la lucha cada vez más eficaz contra las enfermedades cardiovasculares, la medicina preventiva y las repercusiones positivas que la reducción de ciertos hábitos nocivos (alcoholismo, tabaquismo) está teniendo sobre algunos tipos de cáncer u otras enfermedades como la diabetes, la esperanza de vida sigue creciendo pese a lo pronosticado en los años 60. La tercera fase de Omran se diversifica en el marco de esperanzas de vida cada vez más altas que, en el caso de algunos países europeos, rebasan con claridad los 80 años. Pero ¿de qué se muere la gente? y ¿existen diferencias de las causas actuales con las de hace unos años?

En 2019, las dos primeras causas de mortalidad en el mundo son las cardiopatías isquémicas y los accidentes cerebrovasculares. Se trata de enfermedades no transmisibles. En total, seis de estas últimas figuran entre las diez primeras causas de muerte, lo cual constituye un cambio significativo respecto a la situación existente en el año 2000, que contabilizaba cuatro enfermedades no transmisibles y cinco transmisibles (la décima son los accidentes de carretera). De la lista de 2019 desaparecen el sida y la «prematuridad» (cuando un bebé nace antes de que se hayan cumplido 37 semanas de embarazo). En cambio, hacen su aparición el alzhéimer y «otras demencias», que se convierten en la quinta causa de muerte. Hay una diferencia bastante clara en las razones del fallecimiento según el nivel de renta de los países. En los de ingresos elevados, solo una de las diez primeras causas es «exógena» (infecciones de las vías respiratorias): las demás son endógenas y tienen que ver con el corazón, el cerebro, los diferentes tipos de cáncer, el alzhéimer, la diabetes... En contraposición, en los Estados de rentas bajas, la mayoría de las causas de fallecimiento siguen siendo exógenas (infecciones de las vías respiratorias, diarreas, sida, malaria, paludismo, tuberculosis, etc.). Eso quiere decir que muchas de las causas de muerte en el mundo en desarrollo son evitables, como así lo prueba la evolución en las naciones desarrolladas. Las diferencias actuales en la mortalidad infantil y la esperanza de vida tenderán a amortiguarse, pero eso no significa que esté disminuyendo el número total de fallecidos. En 1950, cuando la población del mundo era de 2,5 millones de personas y la tasa de mortalidad de 20,15 fallecidos por cada mil habitantes, se morían alrededor de 50 millones de individuos; en 2022, con 8000 millones de habitantes y una tasa de 8 por mil los fallecidos, fueron 67 millones. Son 17 millones más, pero no los 161 millones que resultarían de aplicar la tasa de 20,5 a la población actual. El progreso es evidente, pero las muertes van a seguir creciendo porque, además, la población está cada vez más envejecida.

Los factores de la mortalidad

Son múltiples, pero hay dos que tienen un valor universal: el sexo y el estatus social. Del sexo hablaré con más detalle en el próximo capítulo. Baste decir, por el momento que las mujeres son más resistentes genética y fisiológicamente al proceso de envejecimiento, por lo que tienen de ordinario una esperanza de vida superior a los varones. En cuanto al estatus social, todos los indicadores —profesión, renta, nivel de instrucción— ponen de manifiesto que, en cualquier contexto, las poblaciones más desfavorecidas tienen esperanzas de vida más débiles. Las razones de estas diferencias son fáciles de entender. Los grupos más pobres tienen peor acceso a los cuidados preventivos y curativos; sus condiciones laborales son peores; sus trabajos, más peligrosos; su calidad de vida, más precaria; los riesgos de tener un accidente, más altos. En cambio, las clases más favorecidas se benefician, gracias a sus mayores ingresos, a modos de vida más saludables y a una mejor atención médica; el consumo de productos tóxicos suele ser menor, y la obesidad, más limitada. Una vez más, el nivel de instrucción, que correlaciona positivamente con la profesión y la renta, actúa decisivamente como factor diferencial.

La esperanza de vida en buena salud

A veces no basta vivir más años. La esperanza de vida al nacer o a una determinada edad es un indicador cuantitativo que no refleja la calidad de esa vida. La «esperanza de vida en buena salud» ofrece una visión más cualitativa de la existencia y se define como el número de años que pueden vivir las personas sin sufrir una discapacidad que afecte a las acciones habituales de su vida diaria. En este sentido se pueden hacer dos generalizaciones: la esperanza de vida en buena salud es más corta que la esperanza de vida general y las mujeres que tienen valores de esta última superiores a los varones viven menos años en «buenas condiciones de salud. Las causas que reducen la calidad de vida de las féminas coinciden en general con las masculinas, pero las mujeres padecen con mucha más frecuencia dolencias como las enfermedades osteoarticulares y *anxiodepresivas.* Vivir más años pero en peores condiciones autoriza la afirmación de que las mujeres tienen una mala salud «de hierro».

La esperanza de vida sin discapacidad es también un indicador de las desigualdades sociales ante la muerte. Las clases más desfavorecidas no solo viven menos años que las más privilegiadas, sino que pasan más años en situación de discapacidad.

Conclusiones

Los progresos en la lucha contra la muerte son evidentes. Lo prueban la acusada caída de la mortalidad infantil y el aumento intenso de la esperanza de vida al nacer. Ello no ha impedido el incremento de la cifra absoluta de fallecimientos, debido al fuerte crecimiento demográfico, y, en el contexto de los países desarrollados, el acusado envejecimiento demográfico.

La mejora ha estado acompañada por dos procesos paralelos: el cambio de morir «de joven» a morir «de viejo» y el de las causas prioritarias de fallecimiento. De un predominio de las exógenas y trasmisibles, a una preponderancia de las endógenas. A pesar de la caída generalizada, todavía se mantienen diferencias, a veces sustantivas, entre países, entre los sexos o entre las clases sociales.

La medicina preventiva y los progresos contra las principales causas de muerte (cardiovasculares, tumores, enfermedades mentales) van a permitir alargar la vida, reducir las diferencias señaladas y prolongar los años de esperanza de vida saludable.

Volviendo al título de este apartado, podemos contestar a la pregunta formulada diciendo que sí existe un límite a la vida humana, pero que cada vez hay más personas que se acercan a las cifras alcanzadas por los más longevos (por encima de los 100 o incluso los 110 años) y que el propio récord de longevidad (superior a 120 años) acabará siendo superado.

6. LA PERSPECTIVA DE GÉNERO. ¿NACEN MÁS NIÑAS QUE NIÑOS? ¿SE MUEREN MÁS LOS VARONES QUE LAS MUJERES?

Cuando mi mujer me anunció el embarazo de nuestro primer hijo, quise ofrecerle un regalo simbólico. Me fui a unos grandes almacenes y pedí unos patucos. La encargada sonrió y me preguntó si para niño o niña, si azul o rosa. Logicamente no supe contestarle (1970), ante lo cual me propuso dos soluciones: o llevar uno de cada color o elegir uno blanco que ella definió como neutro y solución adecuada para mi incertidumbre. Me incliné por la primera opción, que, aunque más cara, cubría mejor todas las posibilidades. De hecho, pude aprovechar toda la compra, porque mi primer hijo fue un varón y se llevó (ya sé que por puro convencionalismo) los azules y mi segundo vástago una niña que calzó los de color rosa.

Eso ni a mí ni a nadie le habría ocurrido hoy, dado que a las pocas semanas del embarazo ya podemos saber el sexo del futuro nacido. Y además, la atribución tradicional del color de los patucos es frecuentemente tildada de sexista y hay personas que, para evitarlo, utilizan variopintas tonalidades «unisex».

Realizo esta referencia personal para introducir tres temas conexos relacionados con la variable sexo de las personas. La primera idea es dar a conocer cómo se distribuye la población mundial entre hombres y mujeres. La segunda, analizar por qué nacen más niños que niñas. Y la tercera, tratar de explicar un tema ya mencionado en el capítulo anterior: el hecho de que se mueran más los varones que las féminas.

Más hombres que mujeres

A nivel global, los hombres superan muy ligeramente a las mujeres en la distribución por sexo: un 50,3 % frente a un 49,7 % en 2022. Eso significa que hay algo más de 100 millones de varones que de féminas. No obstante, es una cifra que hay que manejar con precaución, ya que en muchos países existe la sospecha (bien fundada) de un subregistro de los nacimientos femeninos. Y, en cualquier caso, la diferencia va a ir desapareciendo poco a poco, de tal manera que a mediados de siglo se igualarán los efectivos y después, probablemente, se invertirá la situación. La causa: la mayor longevidad de las mujeres.

Más nacimientos masculinos que femeninos

Todos los registros, prácticamente sin excepción, ponen de manifiesto que en cualquier parte del mundo nacen más niños que niñas. La proporción media se sitúa en 105 varones por cada 100 mujeres y no solo se da en los nacimientos «naturales», sino también en los que son fruto de la reproducción asistida. Sin embargo, esta inicial superioridad numérica de los varones se invierte después de algunas situaciones adversas. Los nacimientos femeninos fueron superiores a los masculinos tras el asesinato de Kennedy, el ataque a las torres gemelas o la muerte de la princesa Diana. Más recientemente (2021), un equipo de la Universidad de Cambridge se aventuró a sostener que, debido a la pandemia, podrían nacer más niñas que niños: su tesis se basaba en que la situación de fuerte tensión sufrida durante el confinamiento eleva los niveles de cortisol (hormona del estrés), lo que hace más frecuentes las concepciones femeninas.

Estas y otras anomalías no niegan el predominio de los nacimientos masculinos. No hay una causa única y concluyente para explicarlo, pero sí algunos trabajos que arrojan algo de luz para entender ciertos hechos. Por ejemplo, la investigación de la Academia Nacional de Ciencias de EE. UU., que, tras un minucioso estudio, demostró que no existen más embarazos de varones en el momento de la concepción. La explicación, por lo tanto, no es embriológica. No se sitúa al principio de la cadena, sino a lo largo de ella, ya que durante la gestación se pierden más embriones de niñas que de varones. Es lo contrario de lo que sucede a partir del nacimiento, con un número superior de defunciones de hombres prácticamente a todas las edades. De tal manera que algunos demógrafos explican el hecho de que nazcan más niños como un mecanismo de la naturaleza para corregir la superior mortalidad masculina. Ya sé que la naturaleza es sabia, pero el argumento no resulta demasiado sólido.

Ciento cinco hombres por cada cien mujeres es un valor medio y cuasiuniversal, pero hay países en los que la tasa masculina se dispara. Este es el caso de la India, con 109 nacimientos de varones por cada 100 mujeres, o el de China, con casi 113 niños por cada 100 niñas. Son culturas con una clara predilección por los hijos varones, que primero practicaron el infanticidio femenino y ahora el aborto selectivo de las niñas, pese a estar prohibido de forma legal, legalidad que se saltan de una y mil maneras. Teóricamente, un médico no puede proporcionar a las parejas los resultados de una ecografía, pero en la práctica esta exigencia no se cumple y, si el feto es una niña, se recurre a la interrupción del embarazo. Esto provoca un fuerte déficit de mujeres y dificultades para muchos hombres de encontrar pareja en su propio país (capítulo 23).

En conclusión, por razones no bien dilucidadas, todavía nacen, prácticamente sin excepción, más varones que mujeres. Ahora bien, la diferencia inicial de 105 hombres por cada 100 mujeres va diluyéndose a lo largo de los años y, aunque a nivel global los hombres aventajen ligeramente a las féminas, hay muchos países en los que predomina el sexo femenino debido a la mayor mortalidad masculina.

Más muertes de varones que de mujeres

O, dicho en términos más positivos: las mujeres viven más que los hombres. Los motivos son múltiples y los hay tanto biológicos como sociales.

Biologicamente, las mujeres tienen un sistema inmunitario más fuerte, lo que las hace más resistentes a muchas enfermedades. Según la OMS, de las 40 principales causas de muerte en el mundo, 33 afectan más a los hombres que a las mujeres. Valentín Fuster y Josep Corbella narran en uno de los capítulos de una publicación reciente (2017), que recojo en mi libro sobre el envejecimiento (2018), un curioso estudio demográfico protagonizado por eunucos, hombres privados de testosterona, la hormona sexual masculina. El Yang-Se-Gye-Bo es un documento coreano del año 1805 que contiene el único registro de historias de eunucos del mundo. A través de él conocemos que tales personas vivían por término medio 70 años, 17 años más que los hombres de nivel socioeconómico similar y 23 más que los varones de la familia real. La información disponible atribuye a la testosterona un papel efectivo en la mayor brevedad de la vida masculina, pero, como dicen los autores citados, la falta de evidencia absoluta acerca de su influencia solo permite calificarla de factor «sospechoso», no todavía «culpable». En sentido opuesto, Fuster y Corbella mencionan la función atribuida a los estrógenos (las principales hormonas sexuales femeninas) en la salud y la duración de la vida de las mujeres, merced a su acción antioxidante y a su función reductora de los radicales libres. Lo contrario de la testosterona, que aumenta el estrés oxidativo y eleva el volumen de los radicales libres. Además, los estrógenos contribuyen a activar la telomerasa, que preserva los telómeros, los cuales protegen a su vez los extremos de los cromosomas. Estos efectos favorables multiplicaron las terapias a base de estrógenos después de la menopausia. Hoy, sin embargo, se han reducido mucho al comprobarse que, frente a los efectos positivos, hay otros negativos. En definitiva, no parece existir una evidencia absoluta ni de que la testosterona sea siempre negativa ni de que los estrógenos, tras la menopausia, sean siempre positivos y no tengan contraindicaciones.

La mayor mortalidad masculina ha estado tradicionalmente influenciada por otros factores de naturaleza social. Entre ellos se mencionan el mayor desgaste del organismo de los hombres debido al ejercicio de algunas actividades que han desempeñado con mucha mayor frecuencia que las mujeres, la mayor incidencia que en ellos han tenido hasta hace poco determinados consumos nocivos (alcohol, tabaco, drogas) o la incidencia de ciertas enfermedades «profesionales». No obstante, recientemente, el papel de estos factores se está diluyendo. Aunque con diferencias numéricas todavía importantes, las mujeres se incorporan a todos los oficios y tienen hábitos de consumo que se acercan a los masculinos. Eso está contribuyendo a reducir las diferencias entre las esperanzas de vida de ambos sexos.

En general, las mujeres se cuidan más y muestran un mayor apego a la vida que los hombres. El análisis del suicidio en España así lo prueba. En 2022 hubo 4097 suicidios, una cifra que no llega al 1 % de los fallecimientos totales. Lo significativo es que el 72 % fueron de varones, porcentaje que sube un poco más en el caso de los suicidios de los mayores de 65 años (75 %). Afortunadamente existe aquí una situación de discriminación positiva a favor de las mujeres. No es la única en demografía.

Conclusiones

La distribución por sexos de la población mundial arroja una ligerísima ventaja a favor de los varones. Pero la distancia se reduce y probablemente se igualará primero y se invertirá después. En todas partes nacen más varones que mujeres, pero también se mueren más los hombres que las féminas, una situación que se refleja especialmente en las edades altas de la pirámide. Biológicamente, el sexo «fuerte» son las mujeres, circunstancia que, unida a la actuación de ciertos factores sociales, especialmente negativos entre los varones, explica la ventaja de las mujeres frente a la muerte.

7. ¿CÓMO SERÁN LOS NUEVOS MODELOS FAMILIARES?

Hay más bisabuelos y abuelos que nunca. Hay menos padres porque los índices de soltería crecen sin cesar. Hay menos hijos porque la caída de los nacimientos no parece tener fin. Hay hijos engendrados que no nacerán jamás por el aumento de los abortos. Hay padres que no tienen hijos. Hay hijos que no tienen los dos padres, solo uno, normalmente la madre (familias monoparentales). Hay niños que tienen dos padres y otros dos madres. Hay padres que tienen hijos con madres distintas. Hay madres que tienen descendientes con padres diferentes. Hay vástagos de padre desconocido. No hay muchos hermanos, pero crecen los hermanastros. Hay familias con hijos de otros padres debido a las adopciones. Muchas posibilidades, múltiples combinaciones, modalidades complejas: la diversidad es la nota dominante de todas esas personas que forman parte, de una manera o de otra, de esa base fundamental de la sociedad que es la familia.

Rafael Puyol: «Bisabuelos, abuelos, padres, hijos y demás familia». *El Debate*, 22 de junio de 2022.

La segunda transición demográfica

Tras la Segunda Guerra Mundial y en las siguientes décadas, la familia ofrece una situación de estabilidad en los países occidentales. En casi todas sus sociedades, el matrimonio es universal y temprano; las rupturas de las uniones, infrecuentes; el celibato, escaso y mal visto, sobre todo el de las mujeres en sociedades que valoran mucho la maternidad. La población activa femenina es reducida porque la mayoría de las mujeres se dedican a las tareas del hogar y al cuidado de los hijos. La familia está representada por una pareja casada con varios hijos que residen en una misma vivienda: se trata de lo que denominamos «familia nuclear», que sigue teniendo un gran predicamento en la actualidad. Sin embargo, a partir de 1965 empiezan a cambiar las variables demográficas que tienen que ver con la familia. Disminuye la nupcialidad, se reduce la religiosa y aumenta la civil; cae la fecundidad; aumentan los divorcios y la cohabitación y el porcentaje de hijos extramatrimoniales, al mismo tiempo que las mujeres se incorporan de forma intensa al mercado de trabajo intentando compaginar vida familiar y laboral. Son los procesos que definen lo que algunos autores (Lestaeghe, R. y Van de Kaa, D. J., 1986) han denominado la segunda transición demográfica.

La diversificación de la vida en pareja

El matrimonio heterosexual sigue siendo el modelo conyugal predominante y la base de la familia en la mayor parte del mundo. Puede ser religioso, civil, o responder a otros tipos, como así sucede en muchos países africanos. Se trata de una modalidad que supone habitualmente la corresidencia de sus miembros y la presencia de hijos en el hogar. Cuando hablamos de «matrimonio», todo el mundo entiende una forma de unión con estas características; sin embargo, desde los años 70 del siglo pasado ha tenido que convivir con otras formas de vínculo que han ido ganando presencia. Sin duda, la de mayor alcance es la cohabitación, que ha evolucionado desde una condición de provisional e infecunda a otra de mayor duración, estabilidad y presencia de hijos; a veces, esta modalidad adquiere una cierta institucionalidad, como sucede en los Países Bajos o Francia con el llamado Pacto Civil de Solidaridad (PACS), abierto a las parejas tanto heterosexuales como homosexuales en 1999, que posee ciertos derechos asociados tradicionalmente al matrimonio, aunque al margen de él. Algunos países han reconocido las uniones homosexuales o incluso les han dado carta de naturaleza matrimonial, como sucede en España desde 2005.

En los años 80 emergen lo que en la terminología anglosajona se denominan los LAT (*living apart together*) El término define las parejas que no habitan juntas, lo cual pone en tela de juicio el concepto de corresidencia utilizado habitualmente para caracterizar a los matrimonios u otras formas de unión. Los LAT se producen en distintos momentos de la trayectoria conyugal y familiar. Generalmente son característicos de las parejas en construcción, pero surgen también después de un divorcio o separación o incluso tras la jubilación, para salvaguardar ciertos derechos o prerrogativas de cada miembro de la unión formada. En ocasiones, esta modalidad conyugal no es deseada, sino impuesta por las circunstancias. Hay parejas de jóvenes que la practican por las dificultades de encontrar una vivienda, lo que los obliga a permanecer en los respectivos hogares paternos. A veces, la separación obedece a razones profesionales que imponen la movilidad de uno de los cónyuges, con mucha mayor frecuencia la de los hombres.

Las nuevas formas familiares

Al igual que el matrimonio, la familia ha experimentado cambios significativos. Sus dos formas clásicas son la familia extensa y la nuclear. La primera es la formada por los padres e hijos y otros parientes (abuelos, tíos...) por consanguinidad o derecho que viven bajo un mismo techo. La nuclear queda reducida a los padres con sus hijos solteros. Se trata del modelo prioritario actual, que se extiende por todas partes.

A estos modelos tradicionales se añaden hoy otras modalidades, principalmente tres: las familias monoparentales, las reconstruidas y las transnacionales.

El término *monoparental* se refiere a las familias formadas por un solo padre que vive con uno o varios hijos. No es un tipo realmente nuevo. Lo que es nuevo es la causa principal de su origen.

Anteriormente era la muerte de uno de los cónyuges; en la actualidad es la separación o el divorcio de la pareja. La «monoparentalidad» está protagonizada sobre todo por las mujeres; normalmente es el resultado de un acuerdo mutuo, sancionado (o no) por un juez, que pone de manifiesto el papel central que juegan las madres en relación con sus hijos, sobre todo cuando son pequeños. A veces, se producen situaciones de coparentalidad, en las cuales un padre y una madre son a la vez responsables de sus hijos, que viven de forma alternativa en el domicilio de uno y otra; pero, en otros casos, la residencia de los niños en la casa de su madre hace menos frecuentes o casi inexistentes los contactos entre el padre y sus hijos. La monoparentalidad protagonizada por el padre es mucho menos frecuente y suele ser el resultado de la desatención de una madre hacia sus hijos.

La familia reconstruida es la formada por una pareja en la que uno o ambos progenitores tienen hijos de una vinculación anterior, pudiendo vivir con ellos o con sus otros padres. En este tipo de familias es más frecuente que residan con la nueva pareja el hijo o los hijos de la madre que los del padre, pero pueden residir ambos, dando a esta modalidad un cierto carácter de familia extensa o compleja por su mayor tamaño y diversidad.

El término «familia transnacional» surgió en el año 2000 para definir la constitución de un nuevo modelo familiar caracterizado por la dispersión en varios países de una misma familia, ya sea nuclear o ampliada. El padre o la madre ejercen su paternidad a distancia como consecuencia de una migración protagonizada por ellos o por sus hijos. Pero la distancia no reduce el mantenimiento de relaciones estrechas, aunque no exista corresidencia. Una situación provocada por la migración es la aparición de las familias dobles: una, la que queda en el país de origen, y otra, la que forma el emigrante en su nuevo destino. Eso conlleva la existencia de maridos o esposas y de hermanastros cuya existencia es ignorada por los contrarios.

Las relaciones intrafamiliares

Con la elevación de la esperanza de vida al nacimiento, hemos pasado de un modelo de familia horizontal a otro de familia vertical donde no es infrecuente la coexistencia de cuatro generaciones vivas. En este tipo de familias, cada generación juega su papel, pero hay dos clases de miembros que desempeñan una función de gran trascendencia. Una son los abuelos (y algunos bisabuelos más jóvenes) y otra las madres.

Los abuelos suelen adquirir esta condición poco antes de la jubilación, tras la cual ejercen una doble función familiar. La primera es ayudar a sus hijos en momentos de crisis, que desgraciadamente se han multiplicado en los últimos tiempos; la segunda es prestar una ayuda que se convierte a veces en imprescindible para cuidar de sus nietos, ya sea de forma ocasional o permanente. La reducida presencia, por el momento, de la gente mayor de 60 o 65 años en el mercado laboral, cosa que necesariamente va a tener que cambiar, provoca que haya muchos abuelos disponibles para la atención de sus nietos. Una atención más flexible, menos autoritaria y más afectuosa que la de sus padres. Hay abuelos que crían a sus nietos y, a veces, los malcrían concediéndoles deseos y caprichos censurados por los progenitores, a quienes corresponde, sin embargo, la misión fundamental de educar a sus hijos. La tarea se desarrolla en el marco de una agenda que comprende el ejercicio de otras actividades o la satisfacción de ciertas aficiones. Pero, a veces, la excesiva labor de atención a los nietos se convierte para muchos abuelos en una misión agobiante que puede llegar a producirles un verdadero trauma. Vamos a un futuro en el que la presencia de los mayores en el mercado de trabajo va a crecer ineludiblemente, lo cual reducirá la dedicación de los abuelos para cuidar a sus nietos. Y eso va a afectar tanto a los hombres (posiblemente más) como a las mujeres, que también van a crecer en el mercado de trabajo sénior.

El otro grupo digno de mención son esas madres de familia en torno a los cincuenta o cincuenta y tantos años a las que corresponde una tarea verdaderamente ímproba y ejemplar. Por un lado, la atención a los hijos que todavía no se han ido del hogar familiar, un abandono que, en el caso de países como España, es bastante tardío. Por otro, el cuidado de sus padres o los de su marido, sobre todo en aquellos casos en que se convierten en dependientes. Son mujeres a caballo entre dos generaciones a las que aplicamos el apelativo de «mujer sándwich», cuya doble función se complica si ejerce una actividad externa. Son demasiadas tareas demasiado importantes, que provocan verdaderas situaciones de estrés. Nunca se valorará de forma suficiente el papel tan decisivo que ejercen estas mujeres.

Conclusiones

La vida en pareja y los tipos de familia se han diversificado mucho desde los años 70 del siglo pasado. Sin embargo, siguen siendo preponderantes el matrimonio heterosexual y la familia nuclear. Gracias al aumento de la esperanza de vida, hemos pasado de la familia horizontal a la familia vertical, en la que se mantienen con frecuencia cuatro generaciones vivas; son familias en las que el número de descendientes va disminuyendo desde las generaciones más antiguas a las más modernas. Los bisabuelos tuvieron varios hijos y los abuelos también, pero los padres muchos menos y, a veces, ninguno. Son familias complejas con múltiples relaciones entre sí pero con dos singulares y positivas: la de los abuelos con sus nietos y la de las mujeres «sándwich» que atienden con dedicación ejemplar a sus hijos y a sus padres.

8. ¿SON ÚTILES LAS POLÍTICAS FAMILIARES?

Que la sociedad deje enteramente a expensas de sus padres los hijos que tienen, que una vez adultos pagarán con sus cotizaciones las pensiones de toda la sociedad, es seguramente una injusticia. La injusticia es tanto más grande si se tiene en cuenta que, en los sistemas de reparto basados en el trabajo asalariado, una de las categorías que no recibe una pensión es la de las madres de familia que permanecen en el hogar al cuidado de sus hijos.

Hureaux, R. (2000). *Le temps des derniers hommes.*

¿En qué consisten?

Se trata de un conjunto de medidas adoptadas por una Administración con el fin de ayudar a las parejas a tener hijos, alimentarlos, cuidarlos y educarlos hasta una cierta edad (salvo en el caso de los nacidos con alguna discapacidad). Se trata de un instrumento que, junto con la atención a la salud y el pago de las pensiones, forma parte del abanico de acciones del Estado-providencia. Se inspira en la justicia social, pero no es en sentido estricto una política social, es decir, de redistribución entre las clases sociales. Roland Hureaux (2000) la define como una especie de solidaridad horizontal entre los que no tienen hijos y los que sí los han concebido, mientras que la política social propiamente dicha supone una «redistribución» vertical de los más pudientes a los más pobres.

Los argumentos de los detractores

Son de tres tipos. El primero es de naturaleza ideológica: las medidas son rechazables porque son de derechas o fascistas o totalitarias; a este respecto se traen a colación las políticas llevadas a cabo históricamente por algunos Estados como la Italia fascista, la URSS de Stalin, la Alemania nazi o la Rumanía de Ceaucescu. Tales políticas, cada una con sus particularidades, se caracterizaron por una serie de rasgos comunes entre los que cabe citar:

— Tuvieron objetivos abierta y declaradamente natalistas. Lo importante era multiplicar el número de nacimientos.

— Desplegaron una fuerte propaganda, frecuentemente desproporcionada con las medidas, para elevar la natalidad.

— En ocasiones recurrieron a métodos brutales, como en el caso del nazismo, una especie de reverso de las políticas antinatalistas igualmente salvajes que más tarde llevaron a cabo China o la India.

— En general, fueron poco respetuosas con la libertad de las mujeres.

— Niños, niños, niños, pero nulo o escaso interés por la institución familiar.

— Afortunadamente duraron poco tiempo y tuvieron resultados mediocres. En Italia, las medidas de Mussolini permitieron una subida de la fecundidad de 2,9 a 3,1 hijos por mujer entre 1937 y 1940. No se puede decir que estas políticas sean un buen ejemplo de lo que hay que hacer para recuperar una natalidad que se había venido abajo. Y no se puede identificar políticas familiares con regímenes totalitarios. Las políticas familiares más representativas han sido llevadas a cabo por las democracias liberales, como Francia o Suecia, y se caracterizan por rasgos bastante diferentes:

— Se fundamentan en consideraciones humanistas, como el respeto a la libertad de las mujeres o la promoción de la solidaridad propiamente familiar.
— No tienen una finalidad exclusivamente natalista, sino de justicia social.
— Tienen buenos o razonables resultados a condición de que se cumplan ciertos requisitos que luego veremos; en todo caso, la exigencia de mantenerse durante un cierto tiempo.

Así pues, de la misma manera que, por sus excesos, son rechazables las políticas natalistas de los Estados totalitarios, no tiene ningún sentido descalificar las de los Estados democráticos porque a veces hayan sido promocionadas por partidos conservadores. Las políticas familiares no son de derechas ni de izquierdas. Son ideológicamente neutras y demográficamente necesarias.

El segundo argumento manejado es que tales acciones son ineficaces y obtienen magros resultados. No es verdad. Existe una correlación positiva entre una política familiar vigorosa y una recuperación de la natalidad. Eso sí, solo se obtendrán buenos logros si tales políticas cumplen determinadas condiciones que más adelante precisaré. La ineficacia es frecuentemente denunciada por quienes no son partidarios de impulsarlas y por quienes no ponen los medios para conseguir que sean efectivas. Es una pescadilla que se muerde la cola: no se ofrecen los recursos necesarios, luego no resultan eficaces y, como no dan buenos frutos, es un despilfarro invertir en tales políticas.

El tercer grupo de razonamientos defiende la tesis de que un Estado no debe inmiscuirse en lo que se considera un asunto privado de las parejas o las familias. Es la teoría de la no injerencia pública, cuya aplicación estricta nos llevaría a negar la intervención del Estado en temas como la educación, la sanidad o el pago de las pensiones. Los hijos son ciertamente de sus padres, pero de alguna forma lo son también de toda la sociedad donde nacen y crecen. No debería extrañarnos que, ante una notoria escasez de nacimientos, con todas las repercusiones que el fenómeno conlleva, un Estado establezca medidas para favorecer la natalidad de la misma forma que puede hacerlo para reducir la mortalidad o regular las migraciones.

La primera es que esa política debe ser universal. Es decir, no debe excluir de sus beneficios a determinados conjuntos o personas por su condición o su pertenencia a un determinado grupo étnico, religioso o de otra naturaleza.

Hoy día, los modelos familiares son más heterogéneos que nunca (capítulo 7): familia nuclear, extensa, reconstituida, monoparental... No obstante, cuando se habla de política familiar, se incluye cualquier modalidad en la que haya niños pequeños. Ellos son los que justifican las ayudas y no la modalidad de la unión de los padres o que no exista ninguna.

Hay voces que defienden la exclusión de las ayudas a tres tipos de personas: las parejas de hecho, los inmigrantes (al menos algunos grupos) y las personas a partir de determinados ingresos. Ayudar a las parejas de hecho, sostienen, es desincentivar el matrimonio y es conocido que las parejas legalmente constituidas tienen más descendientes que las parejas de hecho. Favorecer que los inmigrantes tengan hijos (el rechazo es particularmente fuerte con los musulmanes) es contribuir a que su presencia, sus modos de vida o su cultura se vayan imponiendo poco a poco en nuestras sociedades. Ofrecer ayudas por los hijos a todos, no solo a los más necesitados, rompe de algún modo el principio de justicia social que debe impregnar todas estas políticas.

Lo cierto es que la mayoría de las políticas hoy en marcha no consideran estos argumentos y las ayudas tienen la condición de universales. Los beneficios son, como decía, para «todos» los hijos independientemente de quienes sean sus padres y de la condición económica y social que tengan. Es cierto que existe algún país (Hungría) en donde ciertas ayudas se reservan para las parejas legalmente casadas, pero esa exigencia es la excepción y no la regla. Por otro lado, nunca me ha parecido un problema grave que los inmigrantes tengan más hijos que los autóctonos. Para empezar diré que en la mayoría de los casos (hay ciertamente alguna excepción) no es cierto que las tasas de fecundidad de las madres extranjeras sean considerablemente más altas que las de las autóctonas; con frecuencia los índices están por debajo del nivel de reemplazo y acaban por parecerse a los de las mujeres nativas. No creo que, en la inmensa mayoría de los países, la natalidad de los inmigrantes sea un problema, sino todo lo contrario: se convierte en un factor que permite mejorar la maltrecha fecundidad del Estado de acogida. Finalmente, tampoco parece tener mucho sentido ayudar solo a las familias con menos ingresos: eso desincentivaría la natalidad de las clases medias y crearía complicados problemas burocráticos.

Una segunda condición de las políticas familiares es que tienen que ser libres. No se trata de «imponer» la concepción de nuevos vástagos, sino de facilitarla. De esta manera se ayuda a muchas familias a realizar sus aspiraciones individuales (tener los hijos deseados) que por razones económicas o financieras no pueden cumplir. Con ello, además, se consiguen alinear los objetivos individuales con los colectivos, que pretenden también mejorar la situación de la natalidad en un territorio.

Y una tercera, ciertamente importante, es la implicación de los poderes públicos en la puesta en marcha de tales políticas. *Implicación* significa una voluntad decidida y clara de llevarlas a cabo, pero también dedicar el presupuesto suficiente para que sean efectivas. Algunos partidos, ante la grave situación de la natalidad y una cierta presión social, adoptan algunas medidas de carácter cosmético, con un presupuesto exiguo, que no tienen apenas consecuencias. Con demasiada frecuencia, el gran inconveniente de las políticas familiares no es de naturaleza técnica, sino de escasa voluntad e implicación de los poderes públicos. Ante una situación de recursos escasos, las políticas familiares no son prioritarias o sus resultados se ven demasiado lejanos para ser consideradas convenientes en el marco, siempre cortoplacista, en el que se mueven las Administraciones.

Necesarias sí, pero no milagrosas. En países cuya fecundidad está por debajo de 1,5 hijos por mujer es prácticamente imposible que puedan elevar dicha tasa hasta 2,1 hijos por mujer, el valor que permitiría la renovación de las generaciones. Pero los índices han llegado a cifras tan bajas (España está, por ejemplo, en 1,2 hijos por mujer) que cualquier subida es positiva. En este sentido, podemos preguntarnos por los contenidos básicos de una política de ayuda familiar correcta. Creo que se pueden clasificar en cuatro grandes grupos:

— Medidas que tienden a favorecer la vida y la actividad de los padres. Siempre recuerdo la afirmación de Massimo Livi Bacci, para quien la mejor política en favor de la natalidad y la familia se relaciona estrechamente con el mercado laboral. Cuando el padre o la madre o, mejor, los dos tienen trabajo fijo y razonablemente remunerado, la natalidad mejora y se reduce en caso contrario. Un trabajo que debe estar acompañado de los correspondientes permisos de maternidad o paternidad; de la corresponsabilidad de las parejas, que deben repartirse derechos y obligaciones; de las posibilidades para desarrollar una ocupación a tiempo parcial y de las medidas necesarias para una buena conciliación entre la actividad y la familia.

— Medidas en favor de los hijos. Creación de guarderías suficientes con horarios y precios razonables, incluso gratuitas; servicios de cuidado de los niños en el caso de que ambos padres trabajen; ayudas para la educación de los vástagos (actividades escolares y extraescolares); creación de espacios urbanos para la infancia.

— Ayudas indirectas a la familia. Facilidades para que las parejas jóvenes puedan acceder a una vivienda digna en alquiler o propiedad; reducciones para las familias numerosas (educación, transporte, sanidad u otros servicios).

— Ayudas directas en forma de prestaciones dinerarias por el nacimiento y, después, por cada hijo hasta una cierta edad. Préstamos a bajo interés o nulo, con la posibilidad de no devolverlo si se llega a un determinado tamaño familiar; exenciones fiscales que deben ser progresivas en función del número de hijos, etc.

Algunos manifiestan que todas estas medidas deben ser «publicitadas», aunque sea de manera balsámica. Otros, por el contrario, no lo creen necesario (porque las parejas tienen claro el tamaño familiar que desean) aunque, eso sí, juzgan que han de ser suficientemente conocidas para que nadie quede al margen de sus beneficios.

Conclusiones

Mi tesis, como he pretendido mostrar en los párrafos anteriores, es que las políticas familiares son útiles sobre todo en países como España (capítulo 27), donde hemos llegado a un desequilibrio entre los hijos deseados por las familias y los que acaban teniendo. Una buena política familiar ayudaría a superar los obstáculos que impiden una natalidad mejor. Eso sería positivo para los padres que así lo quieren, pero también para las sociedades donde viven, que hace ya demasiados años no son capaces de renovar sus generaciones.

9. ¿EL SIDA Y LA COVID-19 HAN TENIDO CONSECUENCIAS DEMOGRÁFICAS SIGNIFICATIVAS?

Hay personas que padecen un síndrome caracterizado por el mantenimiento, durante meses o incluso años, de síntomas permanentes relacionados con el covid y hasta con la aparición de otros nuevos, anteriormente inexistentes. Elena habla de cansancio, ahogo, arritmias, fatigas, mareos...; y Ana, de dolores de cabeza y musculares, ardores, hormigueo, falta de concentración... Ambas manifiestan que es muy duro «malvivir» con la enfermedad; trabajar sin estar en condiciones, con déficits físicos y cognitivos y una lucha con la seguridad social para que reconozca su situación. La Organización Mundial de la Salud ya tiene un término para definir las secuelas de la enfermedad: el «covid persistente», contra el que todavía quedan batallas pendientes.

Antes que el covid se desarrolló el VIH, el virus de la inmunodeficiencia humana que está en la base de la enfermedad. A medida que esta progresa, interfiere con el sistema inmunitario, aumentando el riesgo de otras dolencias como la tuberculosis, ciertos tumores u otras infecciones «oportunistas». Estos síntomas tardíos de infección son lo que conocemos como sida.

Así pues, el sida es la penúltima gran pandemia que ha sufrido la humanidad y la covid-19 la última, pero, antes de analizar sus consecuencias demográficas, voy a mencionar algunas pandemias anteriores a fin de comparar sus efectos.

Las pandemias más mortíferas del pasado

La plaga de Justiniano se produjo en el siglo VI de nuestra era y supuso entre 25 y 50 millones de muertes. Su nombre alude al emperador romano Justiniano I, que dirigía el Imperio bizantino, el área especialmente afectada. Su origen parece que fue la bacteria *Yersinia pestis*, como en el caso de la peste negra, aunque de una cepa distinta.

La peste negra acaecida entre 1347 y 1351, catalogada como la epidemia más catastrófica de la historia de la humanidad, se llevó por delante entre 75 y 200 millones de personas. La inexistencia de datos fiables hace que el margen sea tan amplio, pero es que bastaría la primera cifra para otorgarle el primer puesto en el *ranking* mundial de las pandemias. Parece que tuvo su origen en Asia y desde allí se extendió, a través de las rutas comerciales, hacia Oriente Medio, África y Europa, donde su incidencia fue muy intensa sobre todo en la parte norte y occidental del continente (Francia).

La viruela de 1520 fue igualmente una pandemia devastadora que causó alrededor de 56 millones de muertes. La enfermedad es conocida desde antiguo, ya que se encontraron restos en momias egipcias del siglo III a. C. Fue una dolencia que tuvo numerosos brotes periódicos y que se expandió con los colonizadores del Nuevo Mundo. Según las estimaciones, cerca de 400 000 personas morían cada año en la Europa del siglo XVIII. Su incidencia continuó fuerte en los siglos XIX y XX, pero, tras el descubrimiento por Jenner de la vacuna (1796) y las campañas de inmunización que se sucedieron, la incidencia de la enfermedad fue disminuyendo hasta que la Organización Mundial de la Salud decretó su erradicación en 1980.

La gripe llamada española de 1918-19 mató entre 40 y 50 millones de seres. Aunque no existe un acuerdo unánime en cuanto a su origen, parece que se inició en EE. UU., desde donde se extendió a otras áreas del planeta. El nombre de *española* tiene mucho que ver con la neutralidad de nuestro país en la Primera Guerra Mundial, lo que determinó que no se censurase la información sobre los fallecidos, a diferencia de lo que ocurrió entre los países contendientes para no desmoralizar a las tropas. No obstante, y de ahí también el nombre, España fue uno de los países más afectados con 8 millones de personas infectadas y 300 000 fallecidos a causa de ese brote de influenza que, a diferencia de otros virus, atacó especialmente a jóvenes y adultos jóvenes, y no tanto a niños y ancianos.

La enfermedad del VIH/sida no fue descubierta hasta comienzos de la década de los 80, cuando médicos estadounidenses empezaron a observar que había grupos de pacientes afectados a la vez por un cáncer de piel (sarcoma de Kaposi) y una grave afección pulmonar (neumonía por *Pneumocystis carinii*). La mayoría de estos pacientes eran homosexuales, pero pronto se comprobó que la enfermedad dañaba a otros grupos denominados «de riesgo» que integran el denominado club de las cuatro haches: homosexuales, heroinómanos, (inmigrantes) haitianos y hemofílicos.

En 1982 la nueva enfermedad fue bautizada con el nombre de sida (en inglés AIDS, siglas de *adquired immune deficiency syndrome*) y en 1986 el virus fue denominado VIH, virus de inmunodeficiencia humana.

Desde sus inicios, unos 86 millones de personas se han infectado por el VIH y otros 40,5 millones han fallecido por enfermedades relacionadas con el sida. En 2022 hay alrededor de 39 millones de personas en el planeta que viven con el VIH: de ellas, 1,5 millones tienen de 0 a 14 años, y el resto (37,5 millones), 15 años y más; por sexos, predominan las mujeres (53 %) sobre los varones. Son cifras que hay que paliar, pero mucho mejores que las de hace unos años. Desde el pico alcanzado en 1995, las nuevas infecciones se han reducido en casi un 60 % (3,2 millones en 1995 y 1,3 millones en 2022) y las muertes han pasado de 2 millones en 2004 a 630 000 en 2022, debido al fuerte crecimiento de las personas seropositivas que reciben tratamiento antirretroviral (76 %).

Los 39 millones de infectados se reparten sobre la superficie del planeta de forma muy desigual. El África subsahariana concentra dos tercios del total, un porcentaje muy por debajo del 17 % de Asia-Pacífico; del 6 % de Europa y América del Norte; y del 5,7 % de América Latina. En cuanto a las muertes, encontramos un reparto relativamente semejante, con el África subsahariana liderando la clasificación (60 %) seguida, en este caso, del África del Norte y Oriente Medio (30 %) y Asia-Pacífico (24 %). Pese a los indudables progresos de los últimos años, África al sur del Sáhara es la región más afectada por la enfermedad. La existencia de unos sistemas sanitarios y educativos manifiestamente mejorables, la pobreza y la promiscuidad explican esta nada favorable situación que ha provocado que, en muchos de sus países, descendiese la esperanza de vida al nacer en diez años o más. En África del Sur disminuyó de 63,1 años en 1990 a 53,1 en 2005. Es una situación insólita que solo ha tenido otro gran ejemplo en los territorios de la antigua URSS, cuando se desmembró el imperio soviético. Afortunadamente, dicha esperanza ha ido recuperándose a medida que los tratamientos antirretrovirales se han extendido. En África del Sur, por ejemplo, se ha alcanzado ya el nivel de los años 90. No obstante, todavía caben mejoras, porque, en 2022, más de 9 millones de seropositivos en el mundo no han tenido acceso a la medicación y porque ya queda menos para que alguna de las vacunas que se están investigando pueda ver pronto la luz.

Pese a la intensidad que el virus ha tenido en determinados contextos del mundo africano, asiático y latinoamericano, pero también europeo y norteamericano, la mortalidad que ha causado desde comienzos de los años 80 no es superior, por el momento, a la que produjo, prácticamente en solo dos años, la gripe de 1918 y a la que han provocado otras pandemias (peste negra o viruela). Por supuesto, esto no debe ser motivo de complacencia y es preciso recuperar la financiación que recientemente ha disminuido (UNAIDS, 2022) para los distintos programas de tratamiento del VIH.

La de la covid-19 ha sido, por el momento, la última plaga que hemos sufrido. Todavía no tenemos los datos definitivos para medir su impacto preciso, pero sí los suficientes para dibujar una imagen aproximada de sus repercusiones en las tres grandes variables: fecundidad, mortalidad y migraciones.

Sobre la fecundidad, sus efectos han sido cambiantes. Ante todo hay que decir que, pese a lo que algunos vaticinaron, no se produjo una especie de pequeño *baby boom* derivado de los largos periodos de confinamiento. Todo lo contrario. En los países de rentas altas y bajos niveles de fecundidad, el aplazamiento de los matrimonios y de las concepciones, debido al temor de las madres a contraer la enfermedad y trasmitírsela al feto y a las dificultades económicas de las parejas, determinaron una caída temporal de los nacimientos, que se recuperaron al finalizar la fase álgida de la pandemia, que por lo tanto produjo una interrupción, no un cambio de tendencia. En los territorios de rentas medias o bajas, la epidemia no produjo cambios apreciables.

La División de Población de las Naciones Unidas, junto con la Organización Mundial de la Salud, estima el exceso de mortalidad atribuible al impacto directo o indirecto de la pandemia en unos 15 millones entre el 1 de enero de 2020 y el 31 de diciembre de 2021. El exceso de mortalidad se calculó como la diferencia entre el número de muertos habidos y los que se habrían producido en ausencia de la enfermedad, basados en estimaciones de los años anteriores. Como es sabido, los hombres estuvieron más afectados que las mujeres y los mayores mucho más que los jóvenes, especialmente las personas de 80 años y más. Se estima, por otra parte, que la esperanza de vida al nacer se redujo en 1,7 años entre 2019 y 2021, sin que se produjeran cambios notables en los valores de mortalidad infantil, que mantuvieron durante la pandemia los buenos niveles alcanzados. La reducción de la mortalidad de los mayores está permitiendo la vuelta a los valores anteriores de esperanza de vida. Y lo mismo está sucediendo con la movilidad internacional, que se redujo a la mitad entre 2020 y 2021.

El 5 de mayo de 2023 fue declarada la extinción de la pandemia. Sus efectos, tras una vacunación masiva en casi todas partes, apenas se dejan ya sentir salvo en esos enfermos con secuelas permanentes. No es imposible que pueda repetirse una situación semejante, pero, al menos, la enfrentaremos con la principal lección aprendida de la anterior: que ante situaciones tan adversas «sí se puede» luchar, sí es posible combatir contra cualquier plaga por desconocida, virulenta y difícil que resulte.

Conclusiones

Sida y covid-19 han sido las dos pandemias más graves que hemos sufrido recientemente, sobre todo la primera, que, aunque disminuidos, sigue causando estragos. Sus efectos sobre la mortalidad no son en absoluto despreciables: 40 millones de muertos por el momento debidos al sida y 15 millones de fallecidos causados por el covid-19. Esos efectos no se reducen solo a la mortalidad: también afectan a otras variables como los nacimientos o la movilidad. No obstante, comparadas con los de otras grandes pandemias anteriores, ninguna de sus consecuencias ha tenido la misma intensidad. Eso no quiere decir que cesemos en nuestros esfuerzos para buscar una vacuna eficaz contra el sida y que dejemos de estar atentos a cualquier brote de una afección semejante a la provocada por el covid, a fin de evitar sus trágicos efectos.

En una época en la que las enfermedades endógenas son claramente predominantes (cáncer, enfermedades cardiovasculares), el enemigo exógeno no ha desaparecido. Como recuerda la máxima evangélica, hay que estar vigilantes para que no nos coja desprevenidos.

10. ¿CÓMO VA A SER LA MOVILIDAD INTERNACIONAL?

Imelda lleva en mi casa hace más de veinte años. Llegó de Filipinas cuando tenía 18, soltera, con estudios básicos, hablando tagalo, algo de inglés y ni una palabra de español. Vivió aquí algo más de diez años, hasta que se casó con otro filipino y se fue a residir con él y otros familiares en un piso alquilado. Ha tenido dos niñas que hablan un español impecable y ha terminado por adquirir nuestra nacionalidad. Sigue en mi casa como asistenta externa y cada cuatro años se va a visitar a la familia a su tierra. No tiene intención de volver al menos hasta que se jubile, pero para eso faltan muchos años. Imelda es callada y respetuosa, fiel y trabajadora, y buena cocinera, que a veces nos hace unos rollitos de muerte. Ha cuidado de nuestros hijos y gracias a ella hemos podido trabajar con la confianza de dejarlos en buenas manos. Hoy es un miembro más de nuestra familia y de nuestra sociedad, en la que se siente profundamente integrada. Es forofa del Real Madrid y de vez en cuando va al Bernabeu. Es filipina de origen, pero en muchos aspectos es una española más.

Mi análisis de las migraciones internacionales, necesariamente selectivo, dada la complejidad del tema, se centrará en nueve grandes cuestiones que plantearé, nuevamente, de forma interrogativa.

a) ¿De cuantos migrantes estamos hablando? La última cifra, referida a 2020, es de 281 millones, estimados a partir del número de personas que, habiendo nacido en un país, tienen su residencia en otro distinto. Es un método para calcular los *stocks*, pero no tiene en cuenta los flujos, por ejemplo el hecho de que un migrante pueda haber estado en dos o más países antes de ser referenciado en su residencia actual.

Esos 281 millones son muchos más de los que había en 1960 (77 millones) o en el año 2000 (173,2), pero, relacionados con la población actual del planeta (8000 millones), solo suponen el 3,6 %, porcentaje muy inferior al alcanzado durante la primera gran oleada migratoria del siglo XIX y comienzos del XX. Todo hace pensar en un crecimiento sostenido de los desplazamientos, que supondrán hacia el 2040 un porcentaje del 8,5 % en torno a la población estimada para esa fecha (9,1 mil millones), es decir, más de 770 millones de migrantes.

b) ¿QUÉ DIFERENCIAS PRESENTAN LAS DOS GRANDES OLEADAS MIGRATORIAS EN LA ÉPOCA CONTEMPORÁNEA? La primera, señalada en el epígrafe anterior, es de volumen. En la primera ola migratoria, entre 1820 y 1913, emigraron a otros países alrededor de 120 millones de personas, de los que 60 millones fuero europeos que salieron para América, Oceanía y África. Se calcula que entre 1850 y 1913 emigró el 8,5 % de la población mundial media, que se cifraba en la época en unos 1400 millones. Como hemos visto, estamos lejos de ese porcentaje, que tardaremos bastantes años en alcanzar. Pero hay otras diferencias.

— Entre 1820 y 1913, el principal agente desencadenante de los desplazamientos fue el factor tierra, es decir, la posibilidad de acceder a nuevos espacios principalmente en el continente americano y en menor proporción en Asia, África y Oceanía. Ahora, la razón de mayor importancia es el trabajo, ya que la oferta efectiva de mano de obra a escala internacional se ha multiplicado por más de tres en los últimos años. En la primera oleada, los países con grandes espacios sin utilizar favorecieron la llegada de inmigrantes debido a su gran escasez de mano de obra. Ahora lo que mueve a la gente es el desequilibrio entre los países con escasez de trabajadores (receptores) y los que disponen de abundantes recursos humanos (emisores).

— En la primera ola, los emigrantes procedieron fundamentalmente de los países europeos, que se dirigieron al resto del mundo. En la actualidad, los principales trasvases se producen entre países en desarrollo o desde estos a los Estados de la OCDE, algunas naciones emergentes (Israel, India, Rusia) y los territorios del Oriente Medio exportadores de petróleo (Arabia Saudita, Kuwait o los Emiratos Árabes Unidos, entre otros).

— La primera gran corriente estuvo integrada sobre todo por hombres (⅔). Hoy las mujeres son casi la mitad de los inmigrantes.

— Durante el primer gran flujo, los emigrantes salían con una vocación de permanencia o, al menos, con la intención de pasar largas temporadas en el destino. Ahora las corrientes están integradas por una elevada proporción de temporales que se desplazan para trabajos específicos y periodos de tiempo más cortos.

— Hace un siglo era más fácil la entrada en el país de destino (políticas abiertas a la inmigración y más cerradas al comercio) que la salida desde el origen (leyes restrictivas por circunstancias económicas o demográficas). Hoy es mucho más fácil la salida que la entrada, por las medidas limitantes de los Estados receptores.

— Los primeros movimientos responden al modelo prioritario de la colonización de nuevos espacios. Ahora se han multiplicado las causas y los tipos, complejizando el fenómeno migratorio de manera significativa.

c) ¿DE DÓNDE VIENEN Y A DÓNDE VAN? Con los datos de 2020, estos son los hechos principales:

— Los casi 281 millones de personas que viven fuera de su país de nacimiento suponen la cifra más alta observada nunca, aunque no la cifra relativa sobre la población mundial.

— A pesar de lo que pudiera pensarse, el porcentaje más fuerte de migrantes es el correspondiente a los movimientos sur-sur. (36 %). Casi a la par están los desplazamientos sur-norte (35 %). El porcentaje es ya más bajo en el éxodo norte-norte (23 %) y muy pequeño en el de norte-sur (6 %).

— Si de los grandes conjuntos norte-sur pasamos al análisis por países, estos son ahora los cinco principales receptores y emisores (cuadro 3).

C.3. PRINCIPALES PAÍSES RECEPTORES Y EMISORES DE MIGRACIÓN INTERNACIONAL

1) EE. UU.: 50,6 %	1) India: 17,8 %
2) Alemania: 15,7 %	2) Méjico: 11,2 %
3)	3) Rusia: 10,7 %
4) Rusia: 11,6%	4) China: 10,4 %
5) Reino Unido: 9,3 %	5) Siria: 8,4 %

Fuente: ONU. *Informe sobre las migraciones en el mundo 2024*

EE. UU. continúa estando a la cabeza de los grandes Estados receptores. La distancia del resto, con tres europeos y uno árabe, es considerable. En esta clasificación, España ocupa la décima plaza de los países de acogida, con 6,8 millones. Entre los principales emisores figuran los dos grandes colosos mundiales (China y la India); Méjico, el más importante abastecedor de emigrantes hacia los EE. UU.; Rusia, que aúna la doble condición de figurar en los primeros puestos de entrada y salida de migrantes; y Siria, que, como veremos, canaliza las principales oleadas de refugiados.

— Finalmente, por grandes corredores migratorios, estos son los cinco principales (cuadro 4).

C.4. PRINCIPALES CORREDORES MIGRATORIOS

1) Méjico-EE. UU: 10,8 millones
2) Siria-Turquía: 3,8 millones
3) India-Emiratos Arabes: 3,4 millones
4) Rusia-Ucrania: 3,3 millones
5) Ucrania-Rusia: 3,2 millones

Fuente: ONU. *Informe sobre las migraciones en el mundo 2024*

El corredor Méjico-EE. UU. es utilizado no solo por emigrantes mexicanos, sino por un heterogéneo éxodo de personas procedentes de otros Estados latinoamericanos que convierten al Estado mejicano en un país de tránsito hacia el coloso norteamericano. El corredor Siria-Turquía está integrado prácticamente por refugiados; el de India-Emiratos, por trabajadores del petróleo; y el de Rusia-Ucrania y viceversa pone de manifiesto las intensas relaciones entre Estados pertenecientes a la antigua URSS. Ahora, desgraciadamente, la invasión rusa de Ucrania se está saldando con un éxodo importante de refugiados ucranianos hacia otros Estados europeos.

d) ¿QUÉ ES EL TRANSNACIONALISMO? El abaratamiento y rapidez de los transportes y el desarrollo de las tecnologías de la información, que reducen las distancias físicas y facilitan los contactos virtuales, favorecen el fenómeno del transnacionalismo, la aparición de verdaderas comunidades transnacionales y de espacios sociales con este carácter que unen a las sociedades de origen y destino. El transnacionalismo supone que no se produce desconexión con el origen y aunaría el conjunto de las actividades creadas por los emigrantes transnacionales que les permiten vivir en dos comunidades diferenciadas y se configuran en relación con más de una nación-Estado. Es una manera particular de migrar. No todos los migrantes son transmigrantes: solo aquellos que mantienen relaciones estrechas, permanentes y regulares entre el origen y el destino. Enviar remesas al origen o viajar a él esporádicamente no crea el fenómeno. Cualquiera de estas actuaciones (remesas, actividades políticas, culturales, financieras, etc.) son transnacionales cuando son regulares y sistemáticas. Hay ya en el panorama migratorio verdaderas comunidades transnacionales creadas por emigrantes de primera generación. La incógnita es saber si se mantendrán con las siguientes generaciones.

e) ¿Crecen los refugiados? Desgraciadamente sí, entre otras causas por las oleadas que están provocando las invasiones de Ucrania y de la franja de Gaza. Los datos que puedo manejar cuando escribo estas líneas corresponden a 2022 y solo recogen, por lo tanto, una parte del éxodo ucraniano, pero habrá tiempo de analizarlos en detalle. Según datos de ACNUR (Alto Comisionado de las Naciones Unidas para los Refugiados), en 2022 había 108,4 millones de desplazados por la fuerza en todo el mundo: de ellos, 35,3 millones de refugiados, incluidos 5,8 millones de palestinos (box 2); más del 50 % de los refugiados procedían de tan solo tres países: Siria, con 6,5 millones; Ucrania, con 5,7 millones; y Afganistán, 5,7 millones. El cuadro de honor se completa con Venezuela (5,4 millones) y Sudán del Sur (2,3 millones). El destino está algo más repartido: los principales receptores son Turquía, con 3,6 millones; Irán (3,4 millones), Colombia (2,5 millones), Alemania (2,1 millones) y Pakistán (1,7 millones). No debe sorprender que en la clasificación de la acogida solo figure un país desarrollado. Los movimientos de los desplazados contra su voluntad son una cosa prioritariamente del sur, ya que el 76 % de los refugiados y de otras personas que necesitan protección internacional son acogidos por países de renta baja. Con todo, los refugiados internacionales son muchos menos que los desplazados en el interior de sus propios países (62,5 millones) por razones semejantes a las que provocan el éxodo internacional, es decir, persecuciones por razones vinculadas a la raza, la religión, la nacionalidad, la pertenencia a un determinado grupo social o político, etc. El catálogo se amplía ahora con los llamados refugiados medioambientales, que son los desplazados por el cambio climático u otros desastres naturales, pero de ellos hablaremos en el capítulo 11. El panorama de los desplazados forzosos se completa con los 5,4 millones de solicitantes de asilo y los 4,4 millones de apátridas. Frente a todos ellos, solo 6 millones de desplazados previos retornaron a sus lugares de origen. Resulta claro que es más fácil salir que volver.

f) ¿Éxodo o circulación del talento? El paradigma bajo el que se interpretó la emigración de personas cualificadas entre 1950 y 1990 fue el de la «fuga de cerebros», el *brain drain* en la terminología anglosajona clásica. El fenómeno se consideró como el resultado del profundo desequilibrio económico entre el norte y el sur y como una consecuencia del envejecimiento demográfico del norte, necesitado, por lo tanto, de profesionales jóvenes. Aunque había movimientos norte-norte, la dirección prioritaria fue sur-norte, produciéndose una intensificación de las diferencias entre los dos grandes ámbitos al verse privados los países del sur de sus recursos humanos especializados. En los años 90 cambia el paradigma y se comienza a utilizar el modelo del *brain gain*, que consiste en considerar los desplazamientos del talento no solo como una pérdida, sino como una oportunidad para los países emisores. Muchos emigrantes vuelven al cabo de un tiempo con nuevos conocimientos, relaciones y fondos para invertir en el lugar de origen; mantienen beneficiosos contactos con su antiguo país de acogida o, si permanecen en él, pueden contribuir con sus remesas al desarrollo de nuevas iniciativas en los territorios de salida; algunos tienen la condición de transnacionales, con residencia y actividad repartida entre el origen y el destino. El talento aumenta en el mundo debido al crecimiento de la población con estudios terciarios y especializados, al mismo tiempo que crece su demanda en muchos países y se desata una lucha feroz por reclutarlo. Los destinos prioritarios siguen siendo los Estados del norte, pero a ellos se añaden nuevos focos de atracción localizados preferentemente en los países emergentes. Así como los movimientos de trabajadores sin cualificar están sometidos a controles, a veces severos, estos desplazamientos apenas tienen restricciones; al contrario, son alentados e incluso incentivados. Aun con las nuevas condiciones (remesas, contactos permanentes, retorno), su repercusión es negativa en aquellos territorios donde el porcentaje de mano de obra cualificada es modesto. Es lo que ocurre en África o en los Estados de América Central o el Caribe, donde la proporción de los que se van puede llegar a alcanzar el 50 % o más de las personas con preparación especializada. En aquellos otros Estados con mejores niveles de población con educación superior, la influencia desfavorable es menor.

g) ¿Es la migración un factor de desarrollo? Los profundos desajustes económicos que provocan las migraciones pueden ser mitigados por el efecto corrector de las remesas. Ciertamente, su papel es esencial para algunas economías, aunque el funcionamiento de estos envíos es manifiestamente mejorable, tanto en lo que se refiere a los métodos de remisión como a su aprovechamiento en destino. En el conjunto del planeta, se estima que en 2022 alcanzaron los 794 000 millones de dólares (con una estimación de 815 000 millones para 2023), de los cuales ¾ partes se remitieron a los países en desarrollo. El monto señalado recoge solo las transferencias efectuadas por conductos oficiales: algunas estimaciones llegan a señalar que la cifra auténtica podría acercarse al doble de la oficial. De cualquier forma, aunque solo se considere ésta última, las remesas son superiores a las ayudas oficiales y suponen alrededor de ⅔ de las inversiones extranjeras directas en los países en desarrollo. Medidas en cifras absolutas (2022), una buena parte de las remesas se concentran en unos pocos países en desarrollo de grandes dimensiones. Los cuatro primeros absorbieron el 30 % del total: India, Méjico, China y Filipinas. En términos relativos, y aunque con cantidades absolutas mucho menores, las remesas llegan a suponer un porcentaje importante del PIB de algunos países receptores; este es el caso de Tonga (49,9 %), Líbano (37,8 %), Tayikistan (32,1 %), Gambia (28,3 %) u Honduras (27,1 %). Las remesas son una forma fundamental de financiación de un buen número de naciones pobres y aún lo serían más si el coste de las comisiones para las transferencias fuera más reducido. Se han producido progresos y se ha limitado el envío a través de canales informales, pero todavía caben progresos para que lleguen en mayor cuantía a su destino. Otro problema es que, en los países destinatarios, las remesas provocan sobre todo un aumento del consumo y no tanto un crecimiento de la inversión. Las familias dependen de las remesas para satisfacer sus necesidades básicas, sobre todo educación, sanidad o vivienda; de esta manera, tienden a financiar una parte de los servicios que correspondería al Estado. El resultado es que solo una proporción reducida de esas remesas se canaliza hacia inversiones más productivas que pudieran ofrecer alternativas a la propia emigración Las remesas no pueden ser un sustituto de las políticas de desarrollo. Además, es necesario establecer medidas activas para su mejor aprovechamiento por las familias y el propio Estado. Estrategias como facilitar el acceso de las familias receptoras a servicios bancarios que les proporcionen una capacidad financiera básica; la promoción del envío de remesas colectivas con fines de desarrollo; o el establecimiento de mecanismos de financiación para captar el dinero de los inmigrantes y su posterior utilización en proyectos de desarrollo comunitario, con el pago de un rendimiento justo.

h) ¿Asimilación o multiculturalismo? Hay cuatro modelos para gestionar el pluralismo cultural: asimilacionismo, segregacionismo, neutralismo y multiculturalismo.

— Asimilacionismo. Defiende la primacía de la cultura hegemónica sobre las minoritarias. Su propósito es imponer una identidad cultural consistente en obligar a las minorías étnicas a adoptar el idioma, los valores, las normas o las señas de identidad de la cultura dominante. La angloconformidad imperante en EE. UU., Canadá y Australia hasta los años 60 es el ejemplo más significativo de este modelo.

— Segregacionismo. Postula un patrón de exclusión de derechos sociales, culturales o políticos a otros grupos étnicos. Sudáfrica en la época del *apartheid* fue su manifestación más clara.

— NEUTRALISMO. Es la no intervención del Estado ante las cuestiones étnicas y las diferencias culturales en su territorio, que quedan relegadas al ámbito de lo privado.

— MULTICULTURALISMO. Practica las llamadas políticas del reconocimiento o políticas de la diversidad. Se reconocen las diferencias culturales de las minorías, que reciben derechos, incluso privilegios, que se otorgan no a las personas, sino a los grupos a los que pertenecen. Canadá es el Estado donde el multiculturalismo ha tenido recientemente su mejor escenario

¿Cuál es el modelo imperante hoy en las sociedades que reciben importantes contingentes migratorios? Ningún país practica el asimilacionismo tal como lo entendió la cultura del *melting pot* estadounidense; esta expresión («crisol» en español) se refiere a la creencia de que los inmigrantes pueden integrarse en la sociedad de acogida abandonando casi por completo sus raíces culturales. Al mismo tiempo, en los países que promovieron una política multicultural a ultranza, esta parece haberse suavizado. Los Estados tienen hoy actitudes más pragmáticas que buscan la integración de sus inmigrantes a través de lo que se conoce como interculturalidad: se trata de un modelo ético-político para gestionar la convivencia en sociedades con grupos distintos mediante un consenso sobre valores comunes reconocidos por todos que, sin embargo, permiten a los grupos minoritarios mantener sus propias culturas. En definitiva, es un modelo de integración de minorías a través de un diálogo permanente.

i) ¿HAY MIEDO A LAS MIGRACIONES EN LAS SOCIEDADES DE ACOGIDA? La respuesta es sencilla: evidentemente lo hay. Un miedo genérico que se desglosa en diferentes miedos parciales sobre cuestiones concretas del fenómeno migratorio. Estos son los principales temores:

— Ante todo, el miedo al número. Hay quienes consideran la inmigración como una verdadera «invasión» que hay que tratar de evitar a toda costa.

— El miedo a una sustitución étnica de la población receptora y, con ella, al fin de su identidad cultural y nacional.

— El miedo a la religión practicada o a los modos de vida característicos de la población inmigrada y a los conflictos posibles que puedan surgir entre autóctonos e inmigrantes. Sin duda, el ejemplo más visible de este miedo es el surgido contra los musulmanes, que con frecuencia ha desatado sentimientos de islamofobia.

— El miedo a la multiplicación de ciertas enfermedades en el país de destino. Se trata fundamentalmente de dolencias infecciosas como el ébola o el sida y se concreta, sobre todo, en los emigrantes subsaharianos procedentes de países donde estas afecciones han tenido mayor incidencia.

— El miedo a la competencia de los trabajadores extranjeros y al deterioro que pueden producir en el mercado laboral debido a la aceptación de actividades sin contrato o con sueldos bajos.

— El miedo a los comportamientos demográficos diferenciales, que puedan alterar la composición étnica de los países receptores.

— El miedo al deterioro de ciertos servicios, principalmente sanitarios y educativos, debido al uso y a lo que algunos consideran un abuso que de ellos hacen los inmigrantes

— El miedo a la inseguridad, a la delincuencia, cuando no al terrorismo que se asocia a cierta inmigración, que conlleva la propuesta de un mayor control de las fronteras frente a determinados grupos de inmigrantes. Una vez más, los musulmanes se llevan la peor parte.

Creo que la mayoría de estos miedos son infundados, al menos con carácter general, ya que la existencia de situaciones como las descritas en algunas sociedades receptoras no autoriza su consideración como hechos habituales con valor universal. Ningún país está invadido por la inmigración ni los porcentajes de población inmigrante auguran una sustitución étnica en cualquiera de ellos.

Es cierto que la población musulmana es la que peor se integra en las sociedades de acogida, pero eso no autoriza su exclusión *a priori* y una actitud permanentemente hostil a su permanencia. Hay colectividades musulmanas en Europa que se han aclimatado sin especiales problemas a las sociedades donde residen.

También es verdad que el comportamiento demográfico inicial de muchos inmigrantes es distinto al de los autóctonos. En lo que se refiere a la fecundidad, por ejemplo, las madres extranjeras tienen mejores tasas que las nacionales y contribuyen de este modo a aliviar la natalidad del país receptor, pero esto no dura mucho y, a la segunda o tercera generación, las tasas de los dos grupos tienden a igualarse. Con la gran movilidad existente, la transmisión de una enfermedad puede realizarla cualquiera, sea o no inmigrante.

Lo que resulta necesario es establecer los controles adecuados para que todos los viajeros procedentes de países con especial incidencia de una dolencia contagiosa severa sean humana pero debidamente controlados. Salvo casos concretos que evidentemente existen, los inmigrantes no quitan puestos de trabajo a los autóctonos. Suelen complementar su actividad desempeñando las ocupaciones que estos últimos no quieren. En países con baja natalidad, los inmigrantes se convierten en un ingrediente esencial del mercado de trabajo. Y, como tienen una estructura por edades joven, no sobrecargan especialmente la organización sanitaria, como a veces se opina sin demasiado fundamento. Es cierto que las escuelas tienen un buen número de hijos de inmigrantes; pues que así sea, ya que facilitará la integración en nuestras sociedades de las segundas y siguientes generaciones. Son muchos los economistas que defienden que es más lo que los inmigrantes aportan que lo que consumen. Por último, tampoco está justificada la asimilación de la inmigración con la delincuencia y mucho menos con el terrorismo. El hecho de que existan casos aislados no justifica su identificación generalizada.

Conclusiones

Hoy hay más migrantes que nunca, pese a que los valores relativos sobre la población mundial sean todavía modestos. Se han multiplicado los países de emigración, de inmigración o de tránsito y se han diversificado las causas por las que la gente se desplaza, apareciendo o reforzándose nuevas variantes migratorias, como los movimientos medioambientales. Crecen los desplazamientos voluntarios, sobre todo los económicos, y lo hacen también los forzosos dentro y hacia fuera de los países (refugiados).

No cabe duda de que las migraciones son un importante factor de desarrollo del que pueden beneficiarse los países tanto receptores como emisarios. Pese a ello, siguen generando miedos en las sociedades de acogida debido casi siempre a percepciones infundadas que es preciso corregir.

11. ¿CRECERÁN LAS MIGRACIONES MEDIOAMBIENTALES?

Vanuatu es un archipiélago del sur del Pacífico poblado por unos 300 000 habitantes. Por su condición insular y su naturaleza llana, es una región especialmente amenazada por el aumento del nivel del mar, que podría llegar a despoblarla. En estas islas del Pacífico el cambio climático no es un futurible, sino una realidad que ya se cobró cinco islas pequeñas del archipiélago de las Salomón y que va a continuar su acción si no logramos embridarla a tiempo.

El cambio climático es un tema de rabiosa actualidad sobre el que se desatan verdaderas pasiones. Mi intención aquí no es abordar ni sus causas ni la multiplicidad de sus consecuencias, sino tan solo la influencia que va a tener sobre la movilidad de las personas de las áreas especialmente afectadas por sus efectos.

El término «migraciones climáticas» ha hecho fortuna, pero quizás fuera más propio hablar de migraciones medioambientales, considerando las causadas por el clima como una modalidad (sin duda la más importante) de las provocadas por los agentes naturales. Y a su vez estas últimas como una nueva categoría que se añade a las migraciones «clásicas», debidas a circunstancias políticas, económicas o poblacionales, en el bien entendido de que los factores medioambientales rara vez pueden ser aislados del contexto socioeconómico general y diferenciados completamente de otros hechos de naturaleza política o demográfica.

Categorización y estimaciones

Las primeras relaciones entre degradación del medio ambiente y flujos migratorios fueron establecidas en los años 70 del siglo pasado. Su consideración aumentó con la publicación en 1985 del informe de las Naciones Unidas *Environmental refugees*, pero no adquirieron verdadera carta de naturaleza hasta la primera década del siglo XXI. Una serie de catástrofes en ese periodo fueron conformando la idea de la importancia cada vez mayor del medio ambiente como causante de significativos movimientos de población. En 2004 fue el tsunami del océano Indico, en 2005 el terremoto de Cachemira y en 2006 el huracán Katrina. Todos ellos supusieron muerte y destrucción, y desencadenaron la huida de las zonas afectadas de cientos de miles de personas. Solo el Katrina provocó el desplazamiento de más de un millón de migrantes en Luisiana y los territorios vecinos.

Desde entonces se empezaron a hacer evaluaciones del volumen de personas que podrían estar afectadas por el cambio climático. Las más modestas oscilan entre los 150 millones (Instituto para el Medio Ambiente y la Seguridad Humana de la Univ. de las Naciones Unidas de Bonn) y los 200 mill. (*Informe Stern*), pero algunas instituciones llegan a calcular la cantidad de 1000 mill. para 2050 (Christian Aid). No es fácil hacer estimaciones de este tipo y las que se ofrecen se basan más en el cálculo de las personas que habitan las regiones más expuestas a las elevaciones del nivel del mar. Son más una llamada de atención sobre las consecuencias de la subida de las temperaturas que una medida efectiva de los desplazamientos de población que pudieran causar. Con todo, aunque sea difícil medirlos, nadie duda de que se dará un crecimiento de este tipo de movilidad.

Dos grandes tipos de movimientos

Efectivamente, cabe diferenciar los movimientos «forzosos» y aquellos que tienen un cierto carácter voluntario, aunque, a veces, sea difícil distinguirlos completamente.

Entre las migraciones medioambientales forzosas cabe distinguir tres grandes tipos: las provocadas por catástrofes naturales, las debidas a la escasez de recursos de agua potable y las ocasionadas por la elevación del nivel del mar. Aumentarán los cambios climáticos bruscos y su secuela de inundaciones, que literalmente expulsarán a la población de su hábitat habitual. Y sus efectos no siempre serán pasajeros, como así ha sucedido con el Katrina, tras el cual solo la mitad de la población expulsada ha podido volver a su lugar de origen. Y desgraciadamente seguirán los terremotos que periódicamente destruyen poblaciones y viviendas y destierran a miles de personas. Precisamente escribo estas líneas días después del terremoto de Marruecos, que, además de varios millares de muertos y heridos, va a originar la salida de las zonas afectadas de miles de personas. Y lo mismo va a suceder por la escasez de agua potable derivada de la contaminación de las reservas de agua dulce debida a la elevación del nivel de los océanos, la desertificación de ciertos territorios cuyo potencial agrícola disminuirá y la fundición de los glaciares, que reducirá las reservas de agua dulce. Pero, sin duda, las migraciones más fuertes estarán producidas por la elevación del nivel del mar, que probablemente aumentará un metro hasta finales del siglo XXI. Las consecuencias de este riesgo van a ser importantes debido a que las zonas litorales concentran una parte sustantiva de la población en todos los continentes. Es cierto que las inundaciones que se originen pueden ser neutralizadas en parte a causa de las obras de protección, como las llevadas a cabo en Argentina, Bangladés, Estados Unidos, Francia, Japón o los Países Bajos. Pero el alto coste de estos equipamientos y los tiempos necesarios para llevarlos a cabo hacen pensar que no estarán disponibles en todos los lugares cuando resulten necesarios. Así pues, bien sea de forma espontanea u organizada, la inundación de ciertos territorios producirá miles de desplazamientos a otros lugares del propio país o al extranjero.

Una segunda categoría de migraciones ligada al cambio climático será de carácter voluntario y no coercitivo. Se producirá en aquellos territorios donde la elevación de las temperaturas genere situaciones de incomodidad persistente poco compatibles con la calidad de vida que demandan los habitantes. Por ejemplo, la presencia cada año de periodos caniculares de varias semanas o incluso meses hará que muchas personas emigren hacia territorios menos expuestos a este tipo de calor, caracterizado por reducidas diferencias entre el día y la noche. El heliotropismo positivo, favorecedor de una emigración de países del norte al sur, puede ser sustituido por un heliotropismo negativo, una emigración en sentido inverso, ante el fuerte y prolongado calor de ciertos territorios meridionales y una atenuación de las temperaturas en las regiones septentrionales. Países como Francia, Italia o España. en la orilla norte del Mediterraneo, y más aún los de la orilla sur (Marruecos, Tunez o Egipto), pueden verse seriamente afectados por la pérdida de pobladores o visitantes que buscan el sol pero no las temperaturas extremas que pueden originarse. Y ello con carácter permanente o temporal. En España, por ejemplo, se observa un cierto deslizamiento del turismo interior estival desde las regiones del sur al norte peninsular.

Otro tipo de migración climática es el éxodo hacia zonas que se convertirán en habitables y explotables a causa del deshielo. Así puede suceder con numerosos territorios septentrionales como el norte de Canadá, Groenlandia o Siberia, cuyos suelos o subsuelos podrían ser explotados de una forma mucho más intensa. Y quizás quepa imaginar que lo mismo sucedería en el sur, en la zona antártica que hoy permanece prácticamente deshabitada. La hipotética desaparición de su *indlandsis* dejará al descubierto recursos cuya explotación suscitará nuevas corrientes migratorias.

Conclusiones

Resulta bastante evidente que todos estos tipos de movimientos motivados por los factores medioambientales y particularmente por el cambio climático van a crecer, aunque resulte difícil establecer cálculos precisos. Urge, por lo tanto, establecer mecanismos preventivos que minimicen sus efectos y darles una cobertura jurídica específica de la que actualmente carecen, especialmente en el caso de los desplazamientos internacionales.

12. ¿NACIMIENTOS O INMIGRANTES?

El problema migratorio es un peligro [...]. Nos enfrentamos no solo a los refugiados, sino también a los migrantes económicos [...]. Es un proceso descontrolado y desregularizado [...]. Este problema podría desestabilizar a países y Gobiernos de todo el continente europeo [...]. Necesitamos una respuesta clara y firme. Un plan de acción [...]. Nuestra responsabilidad es devolver a los refugiados a sus países [...]. Sentimos compasión por estas personas que son víctimas de malas decisiones políticas locales, internacionales, incluso europeas, que les han creado expectativas que no pueden ser cumplidas [...]. También son víctimas de los traficantes de personas, pero considerarlos víctimas no implica que no tengamos la responsabilidad de devolverlos a sus hogares [...]. Nuestro objetivo no puede ser darles una vida europea [...]. Tenemos que ser valientes, dejar de lado lo políticamente correcto y hablar de nuestro propio continente sin hipocresía [...]. El legado de nuestra civilización no puede cambiar por influencias externas.

Viktor Orbán, en su discurso en el Congreso del Partido Popular Europeo celebrado en Madrid en octubre de 2015.

Las migraciones de reemplazo

La División de Población de las Naciones Unidas publicó en el año 2000 un informe titulado *Migraciones de reemplazo. ¿Una solución ante la disminución y el envejecimiento de las poblaciones?* El concepto era definido como el volumen de migrantes necesarios en cada país para evitar el crecimiento negativo y reducir la intensidad del envejecimiento. El informe se fundamentó en un conjunto de proyecciones para el periodo 1995-2050 cuyos resultados ponían de manifiesto una reducción del número de habitantes en los Estados observados (Japón y toda Europa principalmente) y la intensificación del envejecimiento, que se traducía en edades medias realmente elevadas. El estudio analiza con detalle ocho países con bajos o muy bajos niveles de fecundidad (Alemania, Estados Unidos, Rusia, Francia, Italia, Japón, Reino Unido y República de Corea) y dos grandes conjuntos territoriales, Europa y la Unión Europea; para cada uno de esos espacios se estudia el impacto que sobre el tamaño de la población y la intensidad del envejecimiento podrían tener distintos niveles de inmigración.

He aquí algunos de los resultados principales del informe.

— Durante los próximos 50 años (el horizonte de la proyección es el 2050), la población de la mayoría de los países desarrollados va a disminuir y a envejecer con intensidad. La peor parte (en términos relativos) se la va a llevar Italia (pérdidas cercanas al 30 %). La Unión Europea, que en 1995 superaba a la de EE. UU. en más de 100 millones, tendrá en 2050 una población inferior a la de EE. UU.

— La fecundidad podría subir algo en los países de la muestra, pero nunca se alcanzarán los niveles que permitan la renovación de las generaciones (2,1 hijos por mujer). En consecuencia, como la mortalidad va a crecer debido precisamente al incremento de personas de edad, las poblaciones van a disminuir si no hay inmigraciones (de reemplazo). Ahora bien, la cuantía de la inmigración va a ser distinta según las circunstancias específicas de cada territorio. Será especialmente elevada en el caso de Japón (donde hoy, está severamente controlada) [capítulo 25] o de Italia y mucho más reducida en la República de Corea.

— También serán necesarios los inmigrantes para evitar una disminución de la población activa. La base de la pirámide laboral se va a estrechar por la caída de los nacimientos y, aunque aumente por la parte alta con una mayor presencia de trabajadores de edad, será necesario recurrir a la mano de obra extranjera para paliar los déficits.

— El aumento de los contingentes de población extranjera va a provocar inevitablemente un crecimiento de su peso relativo en la población de los países de acogida. En el horizonte 2050 y en países como Alemania, Italia o Japón (?), más del 30 % de sus habitantes serían alóctonos.

— El mantenimiento de la población activa en el tamaño deseable exigirá la incorporación de un importante volumen anual de trabajadores extranjeros, aunque desigual según los Estados. En Alemania o Italia será más elevado (6000-6500 por cada millón de habitantes) y en EE. UU., por ejemplo, de solo 1300 por cada millón.

— Si no hay inmigración, la relación activos-dependientes se disparará a niveles inasumibles.

— Los nuevos desafíos que presenta el binomio retroceso de la población-envejecimiento, que solo la inmigración puede amortiguar, exige, en cualquier caso, la revisión de determinadas políticas que deben tener una nueva dimensión de largo plazo. Entre ellas figuran la revisión de la edad de jubilación, los sistemas de financiación de las pensiones, los gastos sanitarios o las propias políticas de inmigración especialmente en lo que se refieren a estos movimientos de reemplazo, que supondrán la exigencia de integrar en las sociedades que las reciben a fuertes contingentes de inmigrantes y sus familias.

El informe de la ONU considera que una inmigración más numerosa va a resultar imprescindible para sostener la población, enfrentar el envejecimiento y paliar las carencias del mercado de trabajo, en los países donde la natalidad ha llegado a niveles bajos o ínfimos y el balance natural es negativo. No desprecia el papel que pueda jugar un aumento de la fecundidad, pero considera que este incremento no va a resultar suficiente. Sin embargo, este posicionamiento no es aceptado por todos los países, que, ante el dilema «¿nacimientos o inmigrantes?», se inclinan por la primera opción. Creo que uno de los casos más paradigmáticos de esta postura lo ofrece en la actualidad Hungría, donde su presidente (Viktor Orbán) y el partido de este (Fidesz) son sus adalides.

La política húngara pivota sobre estos tres ejes: matrimonio, familia y nacimientos. Incentiva el matrimonio porque «es el lugar más seguro para tener hijos». No es considerada como una política social dirigida a las clases más desfavorecidas, sino como un conjunto de acciones para ayudar y sostener a las familias. Y favorece el tener hijos a quienes quieran tenerlos, eliminando sus desventajas a través de un conjunto de medidas:

— Se pone un gran énfasis en las políticas activas de empleo, lo cual ha permitido que la actividad femenina haya pasado de una tasa del 50 % al 62% desde que Fidesz está en el poder.

— Existen subvenciones para la construcción de viviendas a fin de hacerlas asequibles a los matrimonios jóvenes.

— Se ha establecido un sistema fiscal bajo el supuesto de que, cuantos más hijos tengas, menos impuestos pagas. Por ejemplo, con cuatro hijos no se cotiza nada durante el resto de la vida. Los menores de 25 años no contribuyen; los demás, un 15 % que se reduce en función del número de hijos.

— Se han creado préstamos de 30 000 euros sin intereses y con un plazo máximo de 20 años para las parejas (entre 18 y 40 años) recién casadas. Con dos hijos este préstamo se reduce en un 30 % y se condona totalmente con tres.

— Las madres tienen un permiso de maternidad remunerado durante tres años.

— Las familias reciben una cantidad mensual en metálico que crece en función del número de vástagos.

— Se ofrecen subvenciones a las familias numerosas para la compra de coches (hasta 8000 euros) e incentivos a los abuelos que dediquen tiempo a sus nietos.

— Aunque se promocione el matrimonio heterosexual hasta el punto de impedir la adopción por parte de las parejas homosexuales con vistas a «proteger a la infancia y defender la cultura cristiana», las ayudas no tienen en cuenta si los padres están unidos o no por un vínculo matrimonial.

La implementación de todas estas medidas no es barata. Hungría dedica un 5 % del PIB en ayudas a la familia y ha pasado de gastar 3400 millones de euros en 2010 a 7900 millones en 2020, una vez publicado en 2019 el Plan de Acción para la Protección de la Familia.

Ciertamente, se han obtenido algunos logros significativos desde 2010, cuando el partido Orban gana sus primeras elecciones. Los matrimonios aumentaron un 42 %; la tasa de fecundidad ha pasado de 1,23 (el índice que tiene ahora España) a 1,49; y los abortos disminuyeron un 33 %.

Junto con esta apuesta decidida por mejorar la natalidad, que a pesar de todo no logra evitar que la población húngara disminuya (en 2021 hubo 94 000 nacimientos por 156 000 defunciones), el Gobierno de Orban manifiesta una clara hostilidad frente a la inmigración. El reiteradamente repetido «Hungría para los húngaros» se adereza con todos los ingredientes antiinmigratorios: el de la invasión, el de que quitan puestos de trabajo a los autóctonos o el de que consumen más de lo que producen. La furia xenófoba se dirige especialmente contra los musulmanes, sobre los que se cierne una cierta sospecha de terrorismo, pero también contra los gitanos (unos 700 000), a los que se tilda de vagos y maleantes. Hay incluso un cierto antisemitismo velado cuyo principal destinatario es el judío Soros. Estas actitudes han calado en la opinión pública, como así lo refleja un informe de Political Capital que pone de manifiesto que los sentimientos xenófobos han pasado de suponer un 15 % en 1992 a un 67 % en 2018.

Y el caso es que Hungría necesita inmigrantes no solo para evitar la pérdida de población, sino para cubrir determinados puestos de trabajo en la construcción, los servicios e incluso la sanidad. El país recibe inmigrantes del este y asiáticos, pero no en la cuantía necesaria que le permitiera, como a otros Estados occidentales, revertir el crecimiento natural negativo.

Frente a esta actitud en la que la preferencia es mejorar la situación demográfica interna mediante un crecimiento de la natalidad, otros países parecen inclinarse por la solución migratoria porque es más barata, más rápida y no exige posicionarse ante un tema que es considerado (erróneamente) de ideología conservadora. La inmigración es regulada por una serie de disposiciones internas (flujos, integración, condiciones de vida, retorno), pero no existe política de ayuda familiar alguna y, si la hay, es tan tibia que sus efectos son prácticamente nulos. España, que tiene una natalidad por los suelos, un crecimiento natural negativo y un saldo migratorio positivo y creciente, ejemplifica los países que se inclinan más por la solución migratoria que por la natalista. No es que exista una declarada inclinación sobre la opción preferente de la movilidad exterior y una manifestación en contra de las políticas de ayuda familiar, pero, en la práctica, se impone con claridad el recurso de las migraciones, ante la escasa relevancia de las medidas que pudieran favorecer una natalidad mejor.

En el verano de 2024, cuando escribo estas líneas, se ha disparado la inmigración irregular dirigida a las Canarias, que ha motivado un fuerte enfrentamiento entre los partidos políticos. Entre los cuatro principales, los posicionamientos son bastante diferentes. Vox, como otras agrupaciones de su signo, mantiene las posiciones menos favorables y Sumar las más permisivas. El PSOE y el PP sostienen planteamientos más moderados, aunque con diferencias: ambos defienden la necesidad de la inmigración y ambos apuestan por la regular, pero los dos han hecho de la inmigración un arma arrojadiza y no se ponen de acuerdo para llegar a un consenso básico que permitiera regular el fenómeno migratorio. Y es fundamental que así suceda (capítulo 27) porque España necesita la inmigración; debe favorecer que la mayor parte sea regular (la totalidad es imposible), establecer mecanismos para controlar mejor la ilegal y enfrentar el problema cada día más acuciante de los «menas». Abusamos con frecuencia del término «políticas de Estado», pero, si hay en estos momentos una temática que está demandando uno de esos planes, es la inmigración.

Conclusiones

Plantear el tema del crecimiento y del envejecimiento como un dilema entre nacimientos o migraciones me parece muy reduccionista. Yo creo que hay que apostar por las dos soluciones mediante las políticas que incentiven la natalidad y favorezcan la inmigración que la demografía de cada país necesite.

Si Hungría mantuviera una actitud menos hostil hacia los extranjeros, probablemente reduciría o incluso resolvería la pérdida de habitantes. Y si España definiese una política de ayuda familiar en condiciones (capítulo 27), encararía su futuro demográfico con muchos menos sobresaltos. Hay que tener en cuenta, además, que la solución migratoria es a la vez, al menos durante algún tiempo, una solución natalista, ya que las mujeres extranjeras tienen niveles de fecundidad mejores que las autóctonas.

Así pues, los Estados enfrentados a una disminución de su censo poblacional y a un proceso de envejecimiento creciente deberían definir, sin tardar, una política demográfica integral que estableciera medidas sobre la natalidad, las migraciones, la escasez de jóvenes y el fuerte crecimiento del volumen de mayores, que son los ingredientes principales que van a condicionar más su futuro.

13. ¿EL ENVEJECIMIENTO ES UN REJUVENECIMIENTO?

De Jeanne Calment puede decirse que tuvo un estilo de vida saludable hasta el final. Practicó diferentes deportes como el tenis, el ciclismo, la natación, el patinaje y la esgrima. Combinó el deporte con una dieta cuyo ingrediente básico fue el aceite de oliva y en la que no faltaban el vino de Oporto y una dosis de chocolate a la semana. Y fue una persona culta aficionada al piano y a la ópera.

Allard, M. *et alia*, 1998. *Jeanne Calment: from Van Gogh time to ours. 122 extraordinary years.*

Una aclaración terminológica

La población no envejece; lo hacen las personas que la componen. Pero, por simple conveniencia, hablamos de «envejecimiento de la población» cuando los individuos de una determinada edad rebasan un porcentaje concreto del censo total. Se trata de una definición puramente estadística que nada o poco tiene que ver con otras acepciones de la edad, ya sean de naturaleza laboral o mental. Los umbrales que suelen utilizarse en esta definición estadística son: en cuanto al porcentaje, el 10 o el 15 %; y con relación a las edades, los 60 y mucho más los 65 años; aun cuando, como veremos, estos umbrales FIJOS empiezan a no satisfacer porque ya no definen realmente la edad a la que una persona comienza a ser realmente vieja.

Frente a este concepto de naturaleza relativa está el de la longevidad, que es una noción absoluta. Hace referencia a la larga vida, que, hoy por hoy, tiene un límite máximo en todas las especies. La medusa *Turritopsis nutricula* es el único ser orgánico vivo en el que se ha podido demostrar la inmortalidad biológica; todas las demás especies son mortales, aunque hay algunas que han alcanzado una gran longevidad. Una esponja gigante encontrada en la Antártida alcanza más de 10 000 años, y un abeto localizado en un área montañosa sueca, los 9500 años. En nuestro mundo animal, la especie humana se encuentra en la mitad de la tabla de la longevidad. Una especie de almeja ha llegado a vivir más de 500 años; la ballena boreal, 200 años; la tortuga, hasta 180 años. Son más de los 122 años que ha alcanzado hasta ahora la decana de la humanidad, la francesa Jeanne Calment, que ha vivido 122 años, 5 meses y 14 días. Muchos más que los que alcanzan los elefantes (80 años), los monos (25 años), las vacas (22 años) o los gatos y los perros (de 15 a 30 años). Nos situamos en la mitad de la escala de la especie animal y la longevidad de muchas más personas sigue creciendo, pero estamos lejos aún de la inmortalidad, si es que algún día la alcanzamos. Y aunque la logremos, lo realmente importante son las condiciones bajo las que viviremos cuando hayamos conseguido ese estado.

La literatura se ha ocupado con frecuencia de este tema, como pone de manifiesto el libro de José Luis Muñoz Boix *Mortalidad e inmortalidad en la literatura*, en el que hace un repaso de los mitos, las leyendas y las obras más destacadas sobre esta temática; de esta manera, pasa revista a la figura del judío errante, uno de los personajes inmortales más populares, abordado en obras como las de Hans C. Andersen, Rudyard Kipling, Mújica Laínez, Gabriel García Márquez o Borges; menciona el trabajo de Jonathan Swift *Los viajes de Gulliver*, en el que describe una raza de personas inmortales (los Struldbruggs); y aborda el trabajo de la británica Virginia Woolf (*Orlando*), de los citados Mújica Laínez (*Bomarzo*) y Borges (*El inmortal*), de Isaac Asimov (*El hombre bicentenario*), o *Las intermitencias de la muerte* de José Saramago. Todos estos relatos tienen un común denominador: al no ir asociada en ningún caso a un estado físico razonable, a una especie de juventud eterna, la inmortalidad no es un estado deseable: es más bien una causa de insatisfacciones, un logro perverso, una fuente de problemas de todo tipo.

El envejecimiento y la longevidad ya no son lo que eran

Decía que los 60 o 65 años ya no nos sirven para marcar el inicio del envejecimiento y mucho menos para definir a una persona como longeva. Hoy a un ser con 65, 70, 75 o incluso más años no podemos ya definirlo como viejo y mucho menos como anciano, como a veces sucede en algunos medios de comunicación: «Un anciano de 70 años fue atacado por un perro». Con el aumento de los años vividos (capítulo 5), resulta necesario elevar ese umbral. Uno de los procedimientos utilizados consiste en usar un indicador móvil definido por la esperanza de vida. La vejez comenzaría cuando las personas alcanzasen una edad en la que la esperanza de vida o vida restante fuera de 15 años (Sanderson, W. C. y Scherbov, S., 2008); es una cifra arbitraria, pero que resulta razonable. Pongamos el ejemplo de España: hoy las mujeres tienen una esperanza de vida de 86 años, de tal manera que, si a esa cifra le quitamos 15 años, nos da una edad de inicio de la vejez estadística a los 71; esa edad parece más apropiada que los 65 para marcar el comienzo de un periodo largo que es el de la situación de vejez. Incluso podríamos subirlo 5 años más y situar el punto de inicio en los 76 años. En cualquier caso, la ventaja de este método es que podemos cambiar la puerta de comienzo de la vejez a medida que va subiendo la esperanza de vida.

Otra propuesta para redefinir el inicio de la vejez (repito que siempre a efectos estadísticos) es la realizada por las sociedades Gerontológica y Geriátrica de Japón. En un trabajo ya de 2006 (Orimo, H. *et alia*) se sostiene que, entonces, los mayores tenían un estado de salud mucho mejor que el de 15 o 20 años antes y que bajo ningún concepto se podía definir como viejos a los que tenían 65 años. Manejando diferentes indicadores como la velocidad de la marcha (ese trotecito con el que a veces nos regalaba Biden) o la fuerza de agarre de la mano, comprobaron que los individuos que tenían entre 75 y 79 años en 2002 ofrecían los mismos resultados que los de 65 a 69 veinte años antes. Hoy los datos serían mucho mejores, de tal forma que no resulta aventurado decir que las personas de 80-85 años poseen un comportamiento parecido al de los que tenían entre 60 y 65 años a comienzos de siglo.

A la gente hay que juzgarla no por los años que tiene, sino por sus capacidades intelectuales, y es preciso dejar de utilizar la edad como un arma, como un instrumento para descalificar. Además, hay que considerar que, independientemente de donde situemos el umbral de partida de la vejez, esta admite y hasta aconseja divisiones internas. No es lo mismo una persona de 70 años que otra de 95. Las dos instituciones japonesas citadas, que de envejecimiento y longevidad saben más que nadie, proponen una clasificación de la vejez en tres grandes grupos: la prevejez, de 65 a 74 años; la vejez propiamente dicha, de 75 y más años; y los supermayores, por encima de los 90 años, entre los que hay cada vez más centenarios. Según la División de Población de la ONU, en 2021 había en el mundo más de 621 000 centenarios, que seguramente llegarán al millón al final de esta década; dentro de ellos, se distingue la categoría, minoritaria pero muy significativa, de los supercentenarios, que son las personas que tienen 110 años y más. La cifra oficial supera las 150 personas, pero seguramente son más. En cualquier caso, se trata de mujeres de etnia oriental, particularmente japonesas por su origen y residencia.

El envejecimiento y la longevidad ya no son lo que eran. En efecto, porque el umbral del primer fenómeno se sitúa cada vez más tarde y porque aumenta el número de longevos, si bien no hemos logrado batir el récord de la longevidad que existe desde Jeanne Calment, quien se murió el 4 de agosto de 1997. Pero todo se andará y muy aprisa, porque ese récord poco tardará en superarse. Por ello, porque cada vez hay más personas que viven más años y se sienten jóvenes durante más tiempo, quizás en vez de utilizar el término de *envejecimiento* podríamos hablar de un cierto *rejuvenecimiento* de la población. No por el hecho de que, si subimos los umbrales de inicio de la vejez, incorporemos más personas a la categoría de adultos mayores o previejos, sino porque hoy las personas mayores tienen mejor salud que nunca y no se definen a sí mismas como viejas.

Factores y rasgos

La causa inicial del envejecimiento es la caída de la fecundidad y de la natalidad que siguió a la reducción de la mortalidad infantil (capítulos 1 y 5). Esta circunstancia provoca la disminución de la población joven en términos absolutos y relativos y, por reacción, el aumento de la adulta y la vieja. Es el fenómeno que conocemos con el nombre de «envejecimiento por la base [la base de la pirámide de edades]». Después, las personas van cumpliendo años, la esperanza de vida crece y la longevidad aumenta, provocando una mayor presencia de efectivos en la parte alta de la pirámide y un envejecimiento que se denomina «por la cima [de dicha pirámide]». Así pues, no hay envejecimiento porque haya solo más viejos, sino porque hay también menos jóvenes. Y esa doble situación define hoy a las sociedades desarrolladas que, al sumar el doble efecto, acusan los mayores niveles de población envejecida.

Hay otros factores del envejecimiento. El más importante son las migraciones. Una migración, sobre todo cuando es de naturaleza económica, es selectiva desde el punto de vista de las edades: de los territorios de emigración se van prioritariamente las personas jóvenes (entre 20 y 40 años). En naciones con una estructura por edades joven, esas migraciones reducen el peso relativo de ese segmento, pero no provocan un aumento significativo del envejecimiento; en cambio, en una población con pocos jóvenes y adultos jóvenes, incrementa automáticamente el envejecimiento. Es la situación que produjo el éxodo rural en la España de los años 50 y siguientes del siglo pasado: las zonas rurales del interior se vieron privadas de una parte de su población joven, que tomó el camino de la periferia, particularmente de las áreas industriales y urbanas; en ellas se originó, entonces, el fenómeno contrario: la llegada de jóvenes rejuveneció sus estructuras por edad y ralentizó su proceso de envejecimiento. La inmigración, sin embargo, no siempre tiene efectos positivos. Si está compuesta por una proporción importante de mayores, como ha ocurrido en España con los extranjeros afincados en las zonas litorales, añade envejecimiento al que tienen las zonas receptoras, provocando un sobreenvejecimiento, especialmente visible en determinados municipios que acogen importantes contingentes de foráneos. En definitiva, el envejecimiento es un fenómeno que se relaciona con otros hechos demográficos de los que sufre sus consecuencias y a los que afecta, a su vez, de forma directa o indirecta.

He definido, ante todo, el envejecimiento como un hecho favorable por el doble efecto de que hemos ganado años a la vida y vida a los años. Es verdad que está acompañado por una reducción del número de jóvenes, lo cual provoca una inversión de la situación demográfica tradicional en la que los menores de 15 años eran más que los mayores (digamos que por encima de los 65 años). Con sus luces y sombras, el fenómeno se está haciendo global porque en todas partes disminuye la natalidad (capítulo 4) y crece la longevidad (capítulo 5) y adquiere la condición de irreversible, a nivel tanto individual como social. Una persona con 60 años no puede tener 59 al año siguiente y una población (aunque ya he dicho que un grupo humano no envejece; lo hacen los individuos que pertenecen a él) no puede sin más pasar de ser vieja a ser joven; a lo sumo puede amortiguar el nivel de envejecimiento a través de dos mecanismos: por una elevación del número de nacimientos o por un crecimiento de la inmigración joven o adulta-joven. Ambos fenómenos pueden darse juntos, provocando un aumento de los efectivos de jóvenes y adultos y reduciendo de forma automática el porcentaje de la población vieja (no su cifra absoluta). Recordemos que el envejecimiento es un concepto que se mide en términos relativos.

En cuanto a los rasgos demográficos del envejecimiento, hay dos especialmente significativos: su clara feminización y el proceso de envejecimiento de la propia vejez.

Ya sabemos que nacen más niños que niñas (capítulo 6), pero, después, la muerte es más severa con los hombres, provocando primero una igualación entre los sexos y más tarde una reversión de las proporciones. Veamos el caso de España: en 2022 nacieron 106 varones por cada 100 mujeres; la superioridad de varones se mantuvo esa fecha hasta los 51 años; después empiezan a predominar las mujeres, hegemonía que va aumentando con la edad: a los 65 años hay 108 mujeres por cada 100 hombres; a los 80 años, 134 féminas por cada 100 varones, y entre los centenarios, 348 mujeres por cada 100 caballeros. La vejez tiene nombre de mujer, que es el sexo fuerte de la especie (capítulo 6).

La otra característica es el envejecimiento de la propia vejez. Cada vez más personas van superando los umbrales de los 70, los 80, los 90 e incluso los 100 años. Se dice que ya ha nacido la generación que tendrá 100 años de esperanza media de vida, que estará nutrida especialmente de mujeres. Es una buena noticia, si bien habrá que abordar los grandes desafíos que esta evolución plantea.

Conclusiones

El envejecimiento ha venido para quedarse. Se puede decir que empieza cada vez más tarde, pero su importancia relativa aumenta sin cesar debido a que disminuye el número de jóvenes y aumenta el de las personas mayores, como consecuencia de una longevidad ella misma creciente.

En realidad, estamos en presencia de una suerte de rejuvenecimiento generalizado, porque una persona no empieza a ser realmente vieja hasta mucho más tarde. Protagonizado prioritariamente por las mujeres, hay cada vez más personas viejas que son cada vez más viejas

14. ¿QUÉ ES EL EDADISMO?

Según el nuevo «Informe mundial sobre el edadismo» de la ONU*, se calcula que una de cada dos personas en el mundo tiene actitudes edadistas, lo cual empobrece la salud física y mental de las personas mayores, además de reducir su calidad de vida, y cuesta cada año miles de millones de dólares a la sociedad.*

El informe pide actuar con urgencia para luchar contra esta plaga y realizar evaluaciones e informes sobre este problema con miras a revelarlo como lo que es: una sigilosa pero devastadora desgracia para la sociedad.

ONU. *Global report on ageism*, 2021.

La discriminación contra las personas mayores

El hecho de que cada vez más personas vivan más años y en unas condiciones mejores es una conquista social, aunque tenga muchas batallas pendientes. Sin embargo, son muchos los que ven el envejecimiento como un fenómeno prioritariamente negativo y lo evalúan en términos de gastos (pensiones, sanitarios, dependencia) y muy poco de oportunidades y beneficios. Si se plantea en Google la cuestión del envejecimiento como problema, se obtienen 34,3 millones de resultados; si ahora se enuncia como oportunidad, se alcanzan únicamente 9,6 millones de respuestas. El tema no es nuevo.

Como recuerda Andrés Domingo (2008), el envejecimiento y la longevidad han sido temáticas de algunas distopías demográficas o argumento prioritario de ciertas obras literarias. Entre estas últimas figura el libro del escritor argentino Bioy Casares *Diario de la guerra del cerdo* («chancho» en forma dialectal); fue publicado en 1969 y es una ficción que transcurre en la ciudad de Buenos Aires y que plantea una contienda en la que los jóvenes atacan y matan a los viejos, considerados como «egoístas, materialistas, voraces, roñosos, en definitiva unos verdaderos chanchos. La muerte física de los mayores es el destino final para unas personas que antes sufren una especie de muerte social al no tener una función reconocida, en lo que influye decisivamente su salida del ciclo productivo. Esto los convierte en obsoletos, en dependientes, en una rémora para los demás. La causa de esta acumulación de viejos en el conjunto de la población, dice un personaje de Casares, la tienen los médicos, «que nos han llenado de viejos inservibles». Unos viejos que además pueden llegar a jugar un papel nocivo en las sociedades democráticas debido al peso de sus votos (box 3).

Diario de la guerra del cerdo no es la única obra de ficción que ofrece una visión negativa del envejecimiento. Andreu Domingo menciona otros trabajos en los que aparece la marginación de los mayores, considerados como parásitos que viven a costa del esfuerzo de los demás. Cita por ejemplo la obra del polémico autor francés Michel Houellebecq *La posibilidad de una isla*, en la que Daniel el protagonista se lamenta de un mundo reservado a los jóvenes y en el que las personas viejas son tratadas como ciudadanos de segunda, como auténticos deshechos.

Hoy, afortunadamente, no hay sociedades en las que se acose y se acabe matando a los viejos por su condición y es de esperar que la ficción de Casares no suceda nunca. Pero, a veces, aparecen algunos indicios y comportamientos alarmantes como las declaraciones del ministro de Finanzas japonés Taro Aso, quien, a sus 72 años, pidió a los más viejos de su país que no usasen los cuidados paliativos cuando únicamente sirvieran para comer, beber o dormir y que no tratasen sus enfermedades, para evitar las ingentes cantidades de dinero exigidas para mantenerlos vivos. «Que se den prisa y se mueran» fue su proposición, que debió rectificar cuando ya la insólita proclama se había difundido como reguero de pólvora. Afortunadamente, afirmaciones como las de Aso, que acabó dimitiendo, son hechos aislados, que al atentar contra los derechos fundamentales del ser humano, no tienen muchos adeptos.

Lo que he pretendido trayendo a colación estas referencias literarias y estas actuaciones es poner de manifiesto la existencia (en estos casos extrema) de una cierta discriminación contra las personas mayores basada en estereotipos, prejuicios, falsas percepciones o mitos infundados. Existe un claro edadismo apoyado en esos componentes, cuyas secuelas debemos tratar de evitar a toda costa.

El edadismo es la marginación o exclusión que sufren las personas por razón de su edad. Se puede producir en cualquier momento de la vida, pero alcanza una intensidad notoria entre las personas mayores. No siempre sus manifestaciones son conscientes. Algunas son involuntarias, como sucede cuando empleamos ciertos vocablos; deberíamos evitar términos como *anciano*, los más coloquiales de *vejete* y *vejestorio* o simplemente el de *abuelo*, cuando se utiliza como sinónimo de los anteriores y no para definir una relación de parentesco. Y deberíamos eliminar de nuestro lenguaje otros términos despectivos como *tarra, pureta, gagá, carcamal, decrépito, caduco* o *carraca*. Hay alternativas que no pueden ofender a nadie como las de *mayores, personas de edad* o el más distinguido de *sénior*. Pero pasemos a la categorización de las muestras del edadismo o de los edadismos no solo para conocerlos, sino para denunciarlos con el fin de que, al hacerlo, podamos contribuir a su erradicación.

Las formas del edadismo

En sociedades como las occidentales, donde hay cada vez menos jóvenes y más gente mayor, resulta injustificado y preocupante el edadismo laboral. Se trata de una visión deformada de los trabajadores sénior que conforma una actitud descalificadora de sus aptitudes para el trabajo. Los argumentos tratan de defender que, a partir de una edad, no resulta provechosa la actividad de los mayores porque son menos productivos, están poco ilusionados, poseen una salud más frágil, resultan más caros, no están actualizados y quitan puestos de trabajo a los más jóvenes. Hay ya muchas evidencias empíricas que ponen de manifiesto la vacuidad de tales razonamientos. Los trabajadores séniors no reducen las oportunidades de los jóvenes en un mercado laboral que se considera equivocadamente de dimensiones fijas. Jóvenes y mayores pueden multiplicar, a la vez, los efectivos de la población activa y ocupada, como demuestra el caso de muchos países de la Unión Europea, especialmente los nórdicos. En el conjunto de los 27, la población empleada de 15 a 29 años pasó de 33 millones en 2013 a 35 en 2022, y la de 55 a 69 años, de 30 a casi 41 millones; subió más esta última que la de júniors, pero eso hay que ponerlo en relación con los efectivos totales de jóvenes, en retroceso debido a la caída de la natalidad, y el aumento del volumen de séniors causado por el envejecimiento. Lo importante es comprobar cómo jóvenes y mayores pueden crecer juntos en el mercado de trabajo y que el aumento de estos últimos no impide el incremento de los primeros.

Desde el punto de vista tecnológico, los trabajadores de edad pueden quedar desfasados, pero la mayoría reactualiza con facilidad sus conocimientos y capacidades, incluidas las digitales. No son, como a veces se los define, analfabetos virtuales y desconocedores absolutos de los procedimientos informáticos, que manejan de forma suficiente. Es verdad que cobran más que los trabajadores jóvenes, pero esto tendría remedio si se les diese oportunidades de laborar a tiempo parcial, modalidad en la que muchos se sentirían cómodos y que además sería un tránsito razonable hacia la jubilación definitiva. Y no es cierto tampoco el que a partir de una determinada edad se produzca una desmotivación que provoque la merma de productividad. Los argumentos laborales del edadismo no solo carecen de soporte sólido, sino que ignoran aspectos muy positivos de la actividad de los séniors como son sus conocimientos, su reputación profesional, su experiencia o su capacidad relacional.

El edadismo laboral es una manifestación, quizás la más expandida, del edadismo excluyente o invalidante, el que sostiene que a una determinada edad no se pueden hacer ciertas cosas. En ocasiones, esta aseveración puede tener sentido: una persona de 70 años no puede correr los 100 metros lisos en diez segundos; pero otras veces solo se fundamenta en un estereotipo, un prejuicio o una opinión desinformada. La mayoría de las personas «mayores», al menos hasta cierta edad, mantienen intactas sus capacidades para hacer las mismas cosas que un individuo de 40 o 50 años. Ser mayor no significa incompetencia, ineptitud, ineficacia, torpeza, nulidad o impericia. A veces, supone todo lo contrario: la posibilidad de hacer mejor aquellas cosas que ya se han realizado un montón de veces.

Otra categoría es la del edadismo sanitario, que se manifiesta en la desatención o postergación de los mayores en situaciones críticas, como así sucedió en la fase aguda de la última pandemia de covid. Recuerdo que, en tiempos de la postpandemia, yo no pude entrar en el Ministerio de Educación de un país latinoamericano a pesar de exhibir (entonces) dos dosis de la vacuna. La razón es que tenía más de 70 años.

Y todavía hay un edadismo más sutil, pero igualmente vejatorio, llamado «sobreprotector», consistente en tratar a los mayores con un paternalismo desmedido como si fueran niños pequeños o discapacitados mentales (con todo el respeto hacia este colectivo). Hay personas que llevadas, sin duda, de su buena voluntad te hablan a gritos como si estuvieras sordo, te toman del brazo para cruzar la calle como si fueras cojo o te advierten de un peligro imaginario como si fueras tonto. «Abuelo, tenga cuidado, no se vaya a caer», como si estuvieras escalando el Everest, subiendo a un patinete eléctrico o intentando batir un récord de salto con pértiga y no simplemente subiéndote a una acera. El edadismo sobreprotector puede resultar muy hiriente sobre todo en mayores que conservan íntegras sus facultades físicas y mentales.

Conclusiones

Ciertamente, la discriminación tiene muchos destinatarios: mujeres, inmigrantes, practicantes de un determinado credo o personas con una cierta inclinación sexual. Pero el acentuado proceso de envejecimiento agrega a los mayores al cuadro de honor de la marginación y les adjudica en él un lugar preferente. El edadismo se ha convertido en moneda de cambio de nuestra conducta. Hay que cuestionarlo y combatirlo ante el riesgo que dé paso a un mal todavía mayor: la gerontofobia.

15. ¿QUÉ SON LAS ZONAS AZULES?

La provincia de Ourense es, junto con Soria, la que tiene un mayor número de centenarios por cada 100 000 habitantes. En total, son 387 en Ourense y 113 en Soria.

En Ourense, la mayor concentración de centenarios se produce en la comarca de Celanova, que es la más longeva de la provincia. Allí vive Eustaquio Pérez, que, cuando fue entrevistado por un semanario español, tenía 99 años; estas son algunas de sus contestaciones: «Nunca dejé de trabajar desde los 8 años. Madrugo y saco las ovejas todos los días. No tengo pereza. Me gusta caminar rápido. Como de todo y me bebo un vaso de vino con la comida. Mi mujer me hace un caldo con las verduras de la huerta. Veo una película del Oeste y me acuesto temprano. Raro es el día que pongo la calefacción. Voy al médico lo menos posible. Poseo buena "cabeciña" y llevo las cuentas de la casa. No tengo demasiadas preocupaciones. Disfruto de la vida y no tengo miedo a la muerte. Estos años son un regalo de Dios».

Voy a hablar de las zonas azules y cito el caso de Celanova y de Eustaquio porque la comarca reúne muchas de las características de esos espacios y el personaje representa bien al prototipo de sus habitantes.

¿Qué son las zonas azules y dónde se localizan?

El término «zona azul» no tiene ninguna connotación extracromática. La denominación se debe a que, cuando el demógrafo Michel Poulain y el médico italiano Gianni Pes identificaron una población con una estructura por edades muy envejecida en la región central de Cerdeña, delimitaron el territorio con tinta azul (Poulain *et alia*, 2004). Un estudio demográfico llevado a cabo a comienzos de este siglo puso de manifiesto que una de cada 170 personas nacidas entre 1880 y 1890 había llegado a cumplir 100 años. Con posterioridad, el investigador estadounidense Dan Buettner (2012) inició un proyecto para identificar otros territorios con elevados niveles de octogenarios, nonagenarios y centenarios, que por extensión recibieron el nombre de zonas azules; en total son cinco, que se sitúan en Okinawa (Japón), Icaria (Grecia), Loma Linda (California) y la península de Nicoya (Costa Rica). Todas ellas son espacios con una gran abundancia de personas viejas y con alguna característica especial que los individualiza y los diferencia de los demás. En Cerdeña se produce la mayor concentración de centenarios del mundo; la isla de Okinawa acoge a las mujeres más ancianas del planeta; Icaria, una isla del mar Egeo, tiene las poblaciones de longevos con menores índices planetarios de demencia; Loma Linda es una comunidad de adventistas del séptimo día con una esperanza de vida diez años superior a la media estadounidense; y Nicoya concentra la segunda comunidad de centenarios más grande de la Tierra.

El secreto de las zonas azules

Un equipo compuesto por el propio Dan Buettner y por diferentes especialistas (médicos, antropólogos, demógrafos, nutricionistas, epidemiólogos...) identificó nueve grandes factores de longevidad:

— Una intensa movilidad habitual, como la de Eustaquio Pérez, de Celanova. La gente se desplaza cada día de manera constante; el sedentarismo es un hábito desconocido.

— Tener *ikigai*, una palabra japonesa (Okinawa) para definir las razones de nuestra propia existencia. Los motivos para vivir o, con más inmediatez, los resortes que nos permiten levantarnos cada mañana.

— Reducir el estrés que se asocia a todas las enfermedades causadas por el envejecimiento. Supone amortiguar el ritmo de nuestra actividad con interrupciones para la realización de otras tareas que forman parte de las rutinas habituales de cada sociedad: la siesta en los países mediterráneos, la oración de los adventistas, la hora del té de los okinawenses, etc.

— El *hara hachi bu*, la recomendación de Confucio de no comer hasta saciarse, sino hacerlo hasta un máximo del 80 % de la capacidad de cada persona.

— Una preferencia por los alimentos vegetales. La carne, el pescado o la leche animal se consumen en proporciones reducidas.

— Una ingesta moderada de alcohol, como el vaso de vino de Eustaquio Pérez, no es imprescindible, pero no resulta perjudicial (salvo en ciertos casos, naturalmente).

— Una inserción en grupos que fomentan los comportamientos saludables.

— La pertenencia a comunidades de creyentes con prácticas religiosas habituales.

— La existencia de hábitos familiares sólidos entre los diferentes miembros de la familia.

En un afán de sintetizar los nueve factores, quizás podemos resumirlos en dos: el primero sería el de llevar una vida saludable que suponga una movilidad habitual, una práctica de rutinas que reduzcan el estrés habitual y comer sin saciarse alimentos prioritariamente vegetales; y el segundo, el de insertarse en grupos que fomenten y ayuden a cumplir estas «buenas prácticas»: grupos familiares, comunidades de creyentes, grupos sociales, etc., cada uno de los cuales tenga su *ikigai*, su razón de vivir. Y es que hay un *ikigai* individual, y cada uno tiene el suyo, y otro colectivo que define los objetivos de las distintas comunidades y los retos que hay que enfrentar para alcanzarlo. Con los genes de una vida larga se nace, pero la longevidad también se hace, como prueban los habitantes de las zonas azules y algunas experiencias llevadas a cabo en Finlandia o Estados Unidos (Minnesota) descritas por Buettner en su libro. Quién sabe: quizás algún día se incorporen las tierras de Celanova al censo de las zonas azules. O, como algunos pretenden, lo haga Madrid, que ostenta la mayor esperanza de vida (casi 85 años) de España, que es, a su vez, uno de los países más longevos del mundo.

Conclusiones

Las zonas azules son el paraíso de la longevidad en el mundo. Los territorios que, merced a una serie de prácticas, concentran los porcentajes más altos de octogenarios, nonagenarios y centenarios. El catálogo, por el momento, es corto, ya que existen tan solo cinco zonas azules identificadas, pero seguro que, en poco tiempo, habrá más incorporaciones.

16. LA ERA DE LOS SÉNIORS. ¿PROBLEMA U OPORTUNIDAD?

Mi jubilación como funcionario público me llegó cuando era presidente de la junta rectora de la institución ferial de Madrid (Ifema). Entonces y apartándome de la Administración, como era preceptivo, y renunciando a mis derechos pasivos, decidí continuar en activo en mi vida laboral y me mantuve algunos años más como presidente de Ifema. En una reunión de trabajo, Javier Cremades me ofreció incorporarme como socio a su despacho de abogados. Era una posibilidad de «reinventarme» para continuar trabajando en una actividad en la que podía desarrollar mis conocimientos jurídicos profesionales y continuar siendo útil a la sociedad.

Testimonio de José María Álvarez del Manzano (exalcalde de Madrid entre 1991 y 2003) en el libro *Vejez activa* (Almuzara, 2023).

El envejecimiento como desafío

Las próximas décadas estarán definidas por la necesidad de enfrentar tres grandes retos que van a transformar profundamente el mundo (ya lo están haciendo): el cambio climático, la revolución tecnológica y el envejecimiento demográfico. Es preferible hablar en términos de desafíos que de problemas, aunque son muchas las personas que emplean esta última condición para referirlos, en especial cuando se habla del envejecimiento. El censo de consideraciones negativas es muy variado, pero hay tres en las que se pone especialmente el acento: las pensiones, los gastos sanitarios y la dependencia.

La alarma de que, en un futuro no muy lejano, no haya fondos suficientes para pagar las jubilaciones empieza a preocupar seriamente a los retirados más jóvenes y sobre todo a los que están todavía en edad laboral. ¿En qué se basa ese temor? ¿Tiene fundamento?

El miedo se produce sobre todo en los países (como España) que utilizan el sistema de reparto consistente en pagar las jubilaciones con las cotizaciones de los que están trabajando. El sistema funciona cuando hay un número suficiente de cotizantes y un volumen moderado de perceptores, como así ha sucedido durante largo tiempo. Pero los cambios demográficos recientes, en concreto la fuerte caída de la natalidad y el acusado proceso de envejecimiento, han venido a complicar la situación. La baja fecundidad provoca la disminución de población joven y adulta-joven y, por lo tanto, del volumen de cotizantes. El envejecimiento multiplica las cifras de mayores y, en consecuencia, la magnitud de los jubilados, que, al tener esperanzas de vida cada vez más altas, permanecen más años cobrando su pensión. Así, por ejemplo, las proyecciones demográficas en España nos anuncian que, donde ahora hay tres trabajadores por cada jubilado, en 2050 solo habrá 1,5, y ello en un mundo idílico definido por el pleno empleo y una llegada generosa de inmigrantes. En la práctica, la situación será peor, porque suponer que el paro va a desaparecer completamente o casi no es verosímil. Será necesario reformar los sistemas de pensiones para adaptarlos a la nueva realidad demográfica mediante procedimientos que, manteniendo el reparto para pagar, al menos, una pensión básica, se combinen con métodos de capitalización. Eso significa que una parte de las cotizaciones de los trabajadores servirá para sufragar su propia pensión a través de la inversión en activos financieros hasta el momento de la jubilación, lo cual producirá un ahorro cuya cuantía dependerá de la evolución de dichos activos. Si las cosas van mal, si hay crisis, las cantidades disponibles serán insuficientes. Y si, como es seguro, aumenta la esperanza de vida después de la jubilación, el capital y los intereses acumulados tendrán que repartirse entre un número mayor de años. Estamos ante una situación complicada. El reparto tiene los días contados por insostenible y la capitalización plantea riesgos indudables. Por ello, el legítimo cobro de las pensiones se convierte en uno de los grandes desafíos a los que nos vamos a enfrentar. Habrá que desplegar grandes dosis de imaginación para regular de forma efectiva ambos sistemas. Será necesario reforzar el mercado de trabajo con nuevos cotizantes o mantener a los existentes durante más tiempo. El recurso de la inmigración va a resultar imprescindible e igualmente lo será la prolongación de la vida laboral, a la que voy a referirme en breve. Pero antes mencionaré otros dos desafíos importantes: los gastos sanitarios y los provocados por la dependencia.

Los mayores van más al médico, consumen más productos farmacéuticos y acuden más a los hospitales, donde tienen estancias más prolongadas. Frente a una permanencia media para toda la población de 6,6 días, las personas entre 65 y 79 tienen 7,8 días, y los mayores de 80, más de 9 días. Los hospitales sufren un proceso de geriatrización intenso que dispara el gasto sanitario especialmente desde los 80 años: a partir de esa edad, más de la mitad de la población (en España así sucede) tiene alguna dificultad para realizar las actividades de la vida diaria, especialmente las mujeres. Es cierto que en la lucha contra la discapacidad hay progresos evidentes, pero la intensificación del envejecimiento hará crecer de forma difícilmente evitables la cifra de personas dependientes y, con ella, los gastos derivados. Será necesario formular nuevas estrategias públicas para enfrentar esa situación, hoy muy dependiente de la acción ejercida por las familias; políticas que incentiven la vida saludable, que no solo aumenta la longevidad, sino también permite un ahorro en los gastos sanitarios y el retraso de la morbilidad crónica. Hay que invertir en salud a lo largo de toda la vida mediante la medicina preventiva. La OMS anunció hace ya bastantes años la política de envejecimiento activo, definida como «el proceso de optimización de las oportunidades de salud, participación y seguridad con el fin de mejorar la calidad de vida a medida que las personas envejecen». Sus estrategias engloban acciones para retrasar la aparición de enfermedades crónicas, diferir el inicio de la discapacidad, mantener la aptitud cognitiva de las personas, fomentar su participación en la vida económica y social y asegurar su protección.

Envejecimiento activo y vida saludable son estrategias que exigen inversiones para que sean eficaces, pero, en contraprestación, resultan efectivas para reducir los gastos sanitarios. Los mayores que gocen de buena salud podrán contribuir durante más tiempo a generar beneficios para ellos, sus familias, y en general para toda la sociedad. Además, entre envejecimiento y salud se desarrolla un doble juego de influencias: los mayores sanos prolongan durante más tiempo su actividad y, de forma paralela, tener una ocupación contribuye a mantener mejores niveles de salud física y mental.

El envejecimiento como oportunidad

La obsesión por los que he preferido denominar «desafíos» nos hace olvidar que el incremento de las personas mayores ofrece grandes posibilidades, desde el punto de vista tanto de la producción como del consumo.

El retroceso de la natalidad en las sociedades desarrolladas está provocando la disminución de la población joven y adulta-joven en la pirámide laboral. Así, por ejemplo, en España los jóvenes activos de 16 a 29 años pasaron de 5,7 millones en 2008 a 3,8 millones en 2022, una pérdida sustantiva de casi dos millones. Eso significa que va a resultar necesario favorecer la presencia de más séniors en el mercado de trabajo, como así viene sucediendo. Entre las mismas fechas, los activos de 55 a 69 años pasaron de 2,5 millones a 4,6, compensando con creces la disminución de los jóvenes. Por cierto, en ese proceso de «seniorización» del mercado de trabajo, las mujeres han crecido más que los hombres, pese a lo cual siguen estando en minoría (Puyol, R., Jiménez, A. y Ortega, I. 2023)

El mercado laboral de los países avanzados se va haciendo mayor, pese a las dificultades o, al menos, la carencia de facilidades que ofrecen los grandes interlocutores del trabajo. La Administración no siempre favorece la prolongación de la actividad. Los sindicatos suelen oponerse a ella con el argumento, no demostrado, de que los mayores quitan puestos de trabajo a los más jóvenes. Las empresas son frecuentemente reacias a mantener activas a personas por encima de una determinada edad y recurren, a veces, a jubilaciones anticipadas o prejubilaciones prematuras. Y los propios trabajadores no desean continuar ocupados más tiempo del que la ley regula por falta de incentivos. Evidentemente hay países y empresas que favorecen la ocupación de los séniors, pero hay otros (España resulta un buen ejemplo) en los que sería conveniente una alianza entre esos cuatro grandes interlocutores para establecer políticas que contemplen:

— Que los trabajadores se jubilen a la edad establecida y no antes.

— Que después y con carácter voluntario puedan seguir trabajando si sus condiciones lo permiten, bajo la consideración de que el retiro deber ser concebido como un derecho, no como una obligación.

— El establecimiento de medidas, por parte de la Administración y las empresas, que favorezcan el alargamiento de la actividad. Muchos más trabajadores se mantendrían ocupados si se les ofreciera compatibilizar un trabajo con la percepción completa de la pensión o si pudieran realizar tareas a tiempo parcial mediante el correspondiente ajuste del salario y de la dedicación. El nuevo acuerdo alcanzado en 2024 por el Gobierno español y los agentes sociales va en esta dirección. La jubilación activa que ya existía va a permitir ahora trabajar y percibir una parte de la pensión de acuerdo al siguiente esquema: un año de demora el 45 % de la pensión; dos años el 55 %; tres el 65 %; cuatro el 85 % y 5 el 100 %.

— La realización de acciones para una concienciación de los propios trabajadores, muchos de los cuales no contemplan seguir activos más allá del año que fija su retiro.

Trabajadores durante más tiempo, pero también consumidores destacados, al menos una parte sustantiva de ellos. Evidentemente, no todos los mayores son iguales, ni desde el punto de vista de las edades ni desde una perspectiva económica. Hay séniors con gran capacidad financiera y otros con dificultades para llegar a finales de mes, especialmente si son mujeres y viudas. No obstante, el fuerte aumento de las personas de edad incrementa también el volumen de los que poseen una sólida posición económica para satisfacer sus necesidades específicas de bienes y servicios. Con esta finalidad ha surgido la llamada *silver economy*, que adquiere cada vez mayor relevancia. Un informe reciente de la Unión Europea afirma que la «economía plateada» supondrá un tercio del PIB de la Unión y generará casi 90 millones de puestos de trabajo (alrededor del 40 % del empleo). Esa demanda de bienes y servicios se va a concentrar especialmente en sectores como el de la sanidad, el inmobiliario, el de la movilidad, el financiero, los cuidados personales, el ocio, la cultura y el turismo o las nuevas tecnologías.

El gasto personal en salud aumenta con la edad, provocando la aparición de servicios especializados para los mayores en ámbitos como el hospitalario, el farmacéutico, el ortopédico o el de la dependencia y los cuidados en general. La teleasistencia y la telemedicina contribuirán, sin duda, a mejorar la salud de los mayores, que demandarán igualmente cuidadores expertos. Instituciones como la de «Supercuidadores», especializadas en formar adecuadamente a las personas que atienden a los séniors, van a ser cada vez más demandadas por una mano de obra en la que desempeñan un papel protagónico los inmigrantes. Es preciso reconocer el decisivo cometido que juegan los extranjeros en la atención personal a los mayores y la función que ejercen en la liberación de la mano de obra femenina autóctona, que puede dedicarse así a otros trabajos.

El sector inmobiliario diseña nuevos modelos o formas de alojamiento para los mayores. Los llamados *seniors resorts* para una población adinerada, nuevos modelos de residencia con todos los servicios disponibles o diferentes tipos de viviendas (colectivas, tuteladas, *cohousing*). Todas estas modalidades han crecido mucho en los últimos años, aunque no resulten suficientes ni por su número ni por su costo. Sea por razones financieras o por decisión personal, muchos mayores siguen viviendo en sus domicilios, lo cual plantea otro tipo de servicios y atenciones, entre ellas la que demanda la soledad no deseada. Y ya sea por decisión propia, necesidad o motivos económicos, hay todavía muchos mayores que son acogidos en viviendas familiares, donde permanecen al cuidado de sus hijas o nueras.

En el ámbito del automóvil hay compañías que diseñan o adaptan modelos con características que neutralizan algunos de los inconvenientes del envejecimiento físico: soporte lumbar, pedales y volante ajustables, asientos con calefacción para prevenir dolores de espalda, retrovisores de ángulos grandes, asistencia de aparcamiento o facilidad de acceso y salida del vehículo.

En el sector financiero ya existen productos para esa clientela «mayor», en temas hipotecarios (hipoteca inversa), de seguros o de gestión patrimonial y servicios de atención personalizada para todas las necesidades que puedan tener los mayores en este entorno.

Los grandes laboratorios producen una gran cantidad de productos antiedad. En Amazon se pueden encontrar más de 3000 resultados entre artículos para la cara, los ojos, el cuerpo, las articulaciones, las arrugas o el cabello, que previenen, reparan, reafirman, perfeccionan, nutren, estimulan o rejuvenecen.

El sector turístico es otro foco de interés a través de una oferta personalizada según los gustos y el bolsillo de personas que deben dar vida a los años ganados. Las Administraciones públicas socorren con frecuencia viajes y actividades que producen efectos beneficiosos en la salud de los mayores. Invertir en ocio y cultura reduce los gastos sanitarios y retrasa la dependencia.

Por último, está el campo de las nuevas tecnologías, que cada vez tienen más usuarios mayores, en particular en dos grandes direcciones: la domótica y determinadas herramientas y aplicaciones para Internet. La domótica ya está presente en muchos hogares séniors, permitiendo unas mejores condiciones de seguridad y una fácil conexión con los servicios médicos o asistenciales que los mayores puedan necesitar. El otro ámbito es Internet, que ofrece grandes posibilidades a las empresas que sepan adaptar sus productos a las condiciones (usabilidad y accesibilidad) y necesidades que tienen los mayores. Los trabajadores séniors próximos a la jubilación o los jubilados pertenecientes a las últimas generaciones del *baby boom* son personas con destrezas suficientes para manejarse en la red; conocen y utilizan el comercio electrónico, gestionan sus trámites burocráticos *online*, realizan operaciones bancarias o planifican sus vacaciones a través de la red. No navegan como sus nietos, pero tampoco son analfabetos digitales.

Conclusiones

El envejecimiento plantea, en efecto, desafíos importantes. El pago de las pensiones, el aumento de los gastos sanitarios y la atención a la dependencia son los más importantes. Pero también hay que entenderlo como una oportunidad, tanto en el campo laboral como en el del consumo. Los trabajadores séniors ayudarán a cubrir los huecos que dejan los júniors en la pirámide laboral y sus necesidades específicas en bienes y servicios alimentarán la llamada economía plateada.

17. LOS JÓVENES, ¿FACTOR DE PROGRESO ECONÓMICO O CAUSA DE INESTABILIDAD SOCIAL?

En Corea del Sur el fabricante de automóviles Hyundai se fundó en 1946 y la compañía LG comienza a producir sus productos electrónicos en 1947. Singapur se convierte en el primer puerto de Asia. Taiwán, en un gigante de la electrónica, y Hong Kong en una fábrica descomunal que produce un poco de todo. Entre 1965 y 1990 estos cuatro territorios se unen a Japón (los cinco dragones) para convertirse en las economías con mayor desarrollo del mundo.

Pearce, F. (2011). *L'apocalypse démographique n'aura pas lieu.*

El dividendo demográfico

El enunciado de este capítulo plantea si los jóvenes son un factor de progreso económico o una causa de inestabilidad social. La respuesta rápida a este interrogante es que pueden ser las dos cosas y que su función varía con el tiempo y en el espacio. Para explicarlo hay que partir del concepto de «dividendo demográfico» o «ventana de oportunidades», que se origina cuando en un país, tras una etapa de fuerte fecundidad y la consiguiente multiplicación de jóvenes, sucede un periodo de baja natalidad que convive con volúmenes moderados de población mayor. Los gastos dedicados a los niños y adolescentes y a los mayores son reducidos, de tal manera que, si se invierte adecuadamente en los jóvenes, estos se pueden convertir en un «factor de progreso económico», en un auténtico «dividendo demográfico».

Es lo que ocurrió inicialmente en los países desarrollados. En Europa, por ejemplo, en la etapa posterior a la Segunda Guerra Mundial, con niveles razonablemente altos de natalidad; la etapa del *baby boom* (box 1) que alimentaron las cohortes de jóvenes. Las cifras anuales de nacimientos no alcanzaron los valores logrados después por los países en desarrollo, pero fueron mucho más altas que las actuales, que están provocando la caída de jóvenes en sus pirámides de edades y convirtiendo esta escasez en uno de sus grandes desafíos demográficos.

Es lo que sucedió también con los dragones asiáticos, cuyo éxito se debió no solo a una política inteligente de inversiones, sino a la existencia de muchos jóvenes adultos con una buena preparación. En el este de Asia, la población en edad de trabajar creció desde mediados de los 60 a los años 90 cuatro veces más aprisa que los jóvenes y mayores. Ese crecimiento favoreció la aparición de la ventana demográfica que se mantuvo abierta durante varias generaciones (algunas decenas de años).

Pero donde el dividendo demográfico ha jugado o puede todavía jugar un gran papel es en las naciones en desarrollo, debido a las cifras más altas de natalidad y, por consiguiente, a las cohortes de jóvenes más numerosas. Es lo que aconteció en China merced a la combinación de dos políticas sucesivas: primero, una etapa de fuerte natalidad orquestada por el Gobierno de Mao entre los años 60 y comienzos de los 70; y después, el largo periodo de la política del hijo único emprendida por sus sucesores (capítulo 22). En un momento determinado, China se encuentra con una fuerte población de adultos-jóvenes en edad de trabajar y pocos ciudadanos dependientes, tanto por la base como por la parte alta de la pirámide de edades. Alrededor de 140 millones de personas abandonaron el campo en beneficio de las ciudades industriales. La economía china experimentó un crecimiento de dos dígitos y se convirtió en la gran fábrica del mundo. Otros países asiáticos siguieron la estela china (Tailandia, Vietnan) o podrían seguirla si se diesen determinadas condiciones. El ejemplo más claro es la India, que ha tenido etapas de fuerte natalidad pero que ahora experimenta un claro descenso de las tasas (capítulo 23). El aprovechamiento de su ventana demográfica demanda fuertes inversiones para «preparar» adecuadamente su ingente población joven. No se trata solo de la cantidad de ese dividendo demográfico, sino de la calidad del capital humano que exige una alimentación y una educación adecuadas. Pese a los esfuerzos realizados, la esperanza de vida alfabetizada, es decir, el número medio de años durante los cuales la población de un país sabe leer y escribir, es pequeño (alrededor de 30 años frente a los 50 de China o los más de 65 de los países europeos).

En otras partes del mundo, como Latinoamérica, el dividendo demográfico, que da síntomas de agotamiento, solo ha sido aprovechado en parte, y la gran incógnita es saber si lo va a poder hacer el continente africano. Tienen el mayor porcentaje de población joven del planeta, que alcanza en el África subsahariana el 42 % de menores de 15 años. Y, además, en una buena parte de los países africanos ha comenzado a disminuir la fecundidad. Según el Population Reference Bureau, la población en edad de trabajar en Ghana va a lograr un valor del 65 % en torno a los años 30; en Namibia ocurrirá en los 40, y poco después, en Etiopía, Uganda o Kenia. Será el momento de su ventana de oportunidad, siempre que puedan aprovecharla. La esperanza de vida alfabetizada es pequeña (24 años como media), pero, si los planes para educar a los niños y jóvenes existentes en la mayoría de los países se llevan a cabo, dicha esperanza puede subir a 35 años en 2030 y se dispondrá de unos recursos humanos mejor preparados.

El dividendo demográfico es una oportunidad y desgraciadamente no todos los países han sabido o podido disfrutarla. En situaciones de debilidad económica, con niveles de vida bajos, los jóvenes sin empleo y con horizontes sombríos que protagonizan protestas contra las clases dirigentes de sus países son un elemento de inestabilidad y a veces caen en manos de las organizaciones terroristas. Según un informe de 2003 titulado *The Security Demographic*, las ciudades de muchos países en desarrollo acumulan una juventud radicalizada: los autores del informe sostienen que, en los Estados en los que los menores de 30 años constituyen más del 40 % de la población adulta, corren un riesgo dos veces mayor de «ser el teatro de enfrentamientos entre sus ciudadanos»; y afirman que el mundo actual presenta una «nueva demografía», la de la insurrección, los conflictos étnicos, el terrorismo y la violencia de Estado. Los movimientos que alientan esa situación reclutan mayoritariamente a sus protagonistas entre los jóvenes descontentos, sin estudios y sin empleo. Los escenarios más afectados por este estado de cosas corresponden a las ciudades modernas de crecimiento rápido de África, Medio Oriente y Asia del Sur. A países como Bangladés, Nepal, Bután, Laos, y toda el África Oriental. Un claro ejemplo de triste actualidad es lo que está sucediendo en Gaza, una de las zonas más densamente pobladas del planeta y con una estructura por edades extremadamente joven (alrededor del 37 % de menores de 15 años). Muchos de esos jóvenes, oprimidos y con muy pocas posibilidades de ganarse la vida, acaban en las filas de Hamás u otras organizaciones terroristas.

Afortunadamente, la explosión demográfica de los jóvenes no siempre se ha manifestado en el plano político a través de la violencia o el terrorismo. Así sucedió en Europa o EE. UU. en los años 60 del siglo pasado, donde esa sobreabundancia dio lugar a otro tipo de movimientos juveniles como la generación *hippie* y la cultura pop.

La «Pax Geriatrica»

Algunos autores sostienen (Morland, P., 2022) que, si los jóvenes, sobre todo cuando viven en condiciones económicas y laborales difíciles, son los causantes y protagonistas esenciales de los conflictos internos, de los que tienen lugar entre países vecinos o del terrorismo internacional, la conversión de los territorios donde viven en sociedades maduras y, a la larga, en comunidades envejecidas las va a tornar en colectividades más pacíficas en las que la «producción» de jóvenes violentos se va a ver reducida. Morland defiende que no hay apenas conflictos civiles en países donde el 55 % o más de la población tiene más de 30 años. Y recuerda algunos ejemplos de Estados que han tenido fuertes tensiones cuando su población era más jóven (antigua Yugoslavia, Líbano) y que ahora, al envejecer, se han vuelto más calmados. Sus principales conclusiones son que no todas las sociedades jóvenes son violentas pero que casi todas las sociedades violentas son jóvenes; y que, a medida que el mundo envejece, se hace más sosegado, con una clara disminución de las diferentes manifestaciones de la violencia.

Conclusiones

Esa paz posible, protagonizada por una sobreabundancia de población mayor o, dicho de otra manera, por una reducción notable del número de jóvenes, es quizás otra de las consecuencias no presagiadas del envejecimiento. Ahora bien, resulta evidente que la reducción de jóvenes no es la única (ni la mejor) vía posible para lograr la paz en sociedades conflictivas. Para que la población joven sea un factor de progreso y no de inestabilidad social, resulta imprescindible la formación adecuada de esas cohortes. Solo así se logrará que esas personas se conviertan en un auténtico dividendo demográfico, un instrumento de progreso económico y un factor esencial para la paz social.

18 ¿HACIA EL FIN DE LA POBLACIÓN RURAL?

La concentración geográfica de la población aumenta en el mundo contemporáneo. Se estima que el 80 % de la población mundial se localizaba en 2013 en el 25 % de las tierras emergidas, excluida la Antártida. A comienzos de este siglo y siguiendo un mismo criterio, el 80 % de la población se reúne en tan solo el 8 % de las tierras emergidas, lo que no significa en ningún caso que la población del resto del mundo haya disminuido. Lo que ha sucedido es un proceso de concentración creciente de los habitantes del planeta en las ciudades.

Zaninetti, J. M. (2011). *Géographie des peuplements et des populations. L'homme sur la terre.* PUF.

Dos conceptos clave: urbanización y transición demográfica urbana

La urbanización es el proceso de concentración de la población en las ciudades. Supone un cambio desde una residencia rural anterior a otra urbana; incluye modificaciones en las actividades dominantes, los estilos de vida, la cultura y los comportamientos de la gente; y altera la estructura demográfica y social de los distintos territorios. El grado o nivel de urbanización se mide a través del porcentaje de población que reside en las zonas urbanas, definidas de acuerdo a los criterios utilizados por los distintos Gobiernos nacionales. En la práctica, la urbanización se refiere no solo al incremento en el porcentaje de población que reside en las zonas urbanas, sino también al crecimiento de los habitantes de las ciudades, el tamaño de los núcleos y la superficie que ocupan. La urbanización es una de las megatendencias de la evolución demográfica junto con el crecimiento de los efectivos, el envejecimiento y la movilidad internacional. Es más, el crecimiento futuro de la población estará protagonizado esencialmente por el aumento de habitantes en las ciudades.

El concepto de transición demográfica urbana se refiere al periodo durante el cual el crecimiento demográfico de las urbes modifica estructuralmente el poblamiento de los territorios. Durante este tiempo, la tasa de población urbana va creciendo como consecuencia de la combinación de la transición demográfica general (influencia de la mortalidad y natalidad) y de la emigración del campo a la ciudad.

La transición urbana ha sido considerada como una sorpresa. Nadie en el pasado había valorado su intensidad y su amplitud, hasta tal punto que podemos definirla como un proceso inédito e imprevisto. En 1800, la población mundial es básicamente rural ya que solo el 8 % de los habitantes vive en ciudades; la urbanización comienza entonces de forma lenta en los países en los que la economía rural anterior se transforma en industrial: Europa y después América del Norte. A comienzos del siglo XX, la urbanización en el mundo es todavía pequeña, con una tasa media del 16 %; después se intensifica a lo largo del siglo XX, hasta alcanzar en 1950 un índice del 30 %, y en el año 2000, del 47 %. Los 256 millones de ciudadanos que había en 1900 se convierten en 746 en 1950, en 2,8 mil millones en el año 2000 y en 3,4 mil millones en 2008, cuando por primera vez la tasa de urbanización en el mundo rebasa el 50 %. Después, el número de ciudadanos seguirá creciendo hasta alcanzar los 4,5 mil millones en 2023, que suponen un 57 % del total de la población del planeta.

En la transición urbana se diferencian dos etapas. La primera abarca el periodo que transcurre desde el inicio de la transición (comienzos del XIX) hasta mediados de los 80 aproximadamente (Dumont, 2023). Con anterioridad y a semejanza de lo que ocurre con la población del planeta (teoría de la transición demográfica, capítulo 1), las ciudades experimentan fases de estancamiento, de crecimiento limitado o de disminución en función de diferentes factores locales. El aumento de la tasa de urbanización se debe a tres factores principales: ante todo, a la caída de la mortalidad debida a los progresos médicos, farmacéuticos e higiénicos, que reducen la sobremortalidad accidental, la general u ordinaria y la infantil; en segundo lugar, al hecho de que estos progresos frente a la muerte se difunden más aprisa en medios urbanos que en los rurales; y en tercer lugar, al fenómeno de la emigración del campo a la ciudad, que, protagonizada sobre todo por personas jóvenes, contribuye al crecimiento natural de las ciudades. La segunda etapa de la transición se caracteriza por una desaceleración de la tasa de crecimiento de la población urbana, debida a una disminución del crecimiento natural; la fuerte caída de la fecundidad es la responsable prioritaria de esta desaceleración «vegetativa» a la que hay que añadir una disminución del éxodo rural, debido al retroceso de la propia población del campo. Lógicamente, en este modelo es preciso diferenciar lo que sucede en los países del norte, que han entrado —por así decirlo— en una fase postransicional, de lo que está pasando en las naciones en desarrollo, muchas de las cuales están todavía en plena transición.

Los factores de la urbanización

Se pueden clasificar en dos grandes grupos: el de las causas demográficas directas y el de las causas extrademográficas, frecuentemente de naturaleza política o administrativa. Las primeras ya se han mencionado. Se trata del crecimiento natural positivo o excedente del número de nacimientos sobre el de defunciones y la emigración rural, de naturaleza fundamentalmente económica. En ocasiones, la inmigración hacia las ciudades es de naturaleza política y obedece al juego combinado de factores militares o civiles. Ciudades como Atenas, Calcuta, Taipéi, Lima o Bogotá son buenos ejemplos de la influencia que estos movimientos forzosos han tenido en su desarrollo urbano.

El crecimiento se produce, a veces, por una simple decisión administrativa de modificar la condición de rural de un territorio, que queda englobado así por una ciudad cercana. También por la decisión de elegir una nueva capital política, que, al reunir la Administración, concentra también el poder económico. O por la puesta en marcha de acciones de ordenación del territorio que favorecen a una determinada ciudad. Todo ello sin olvidar los factores de localización geográfica privilegiada (puertos, condiciones climáticas favorables), que suelen favorecer la aparición y el desarrollo de ciudades costeras, pero también de algunas interiores localizadas en la encrucijada de rutas comerciales importantes.

Tendencias en la urbanización

En 2023, el volumen de personas viviendo en ciudades fue del 57 %, es decir, alrededor de 4,5 billones de la población mundial. En 2030 se espera que el porcentaje llegue al 60 %, y a mediados de siglo, al 68 %, con un volumen de urbanos de 6,7 billones. El nivel de urbanización crecerá en todas partes, pero con diferencias significativas. Toda América, la del Norte y la del Sur, está hoy intensamente urbanizada (80 %) y todavía experimentará un incremento de su población urbana hasta el 90 % en 2050. Europa pasará de ¾ partes de su población viviendo en ciudades a un 85 % y Oceanía se mantendrá más estable con un porcentaje de población urbana en torno al 70 %. En contraste, África y Asia, que tienen hoy porcentajes del 40 y 50 % respectivamente de población urbana, pasarán a tener el 60 y el 66% a mediados de siglo; sin embargo, estos dos continentes tienen una tasa de crecimiento de la población urbana superior a la del resto de los territorios que poseen niveles de urbanización más altos: como consecuencia de ello, Asia y África concentrarán en 2050 los porcentajes de población urbana más altos del planeta, con un 52 y un 22 % respectivamente.

La urbanización difiere considerablemente según los países. El porcentaje de población urbana está por encima del 80 % en 65 países. Entre los que tienen más de 10 millones de habitantes destacan

Bélgica, Japón, Argentina u Holanda, con valores todos ellos por encima del 92 %. El número de naciones con más del 80 % de población urbana rebasará los 100 en 2050. En contraposición, 14 países tienen menos del 20 % de su población residiendo en zonas urbanas: se trata sobre todo de naciones africanas (Burundi, Malaui, Níger, Ruanda...), con algunas asiáticas (Nepal) y de Oceanía (Papúa Nueva Guinea); se espera que estos Estados experimenten un crecimiento fuerte de sus tasas de urbanización hasta mediados de siglo.

En cifras absolutas, las poblaciones urbanas más grandes las tienen China (840 millones) y la India (465 millones). Juntas suponen un 30 % de la población urbana del mundo. Si a ellas les sumamos las de Estados Unidos, Brasil, Indonesia, Japón y la Federación Rusa, se llega al 50 % de población urbana.

No todos los países en el futuro experimentarán crecimientos de su población urbana. Algunos sufrirán retrocesos, como en el caso de Japón (más de 13 millones) y el tristemente célebre de Ucrania (dos millones menos), en donde todas las variables demográficas van a sufrir un grave deterioro.

En cuanto a la población rural, que reúne actualmente alrededor de 3,4 billones de personas, va a experimentar desde esta década un retroceso que la llevará a 3,1 billones en 2050. La mayoría de los rurales reside en unos pocos países, particularmente en la India (casi 900 millones) y China (580 millones), que son los territorios en los que la disminución va a ser más fuerte. En general, la mayoría de los países del mundo van a experimentar retrocesos o estancamientos de la población rural.

Ciudades

La mayoría de los urbanos vive en ciudades con menos de un millón de habitantes: alrededor de la mitad en núcleos con menos de medio millón y cerca de un 10 % en ciudades de entre medio y un millón de personas. Es el tipo de poblamiento más común en todas partes excepto en Oceanía, donde el tamaño predominante es el de 1 a 5 millones. La siguiente categoría es la de 5 a 10 millones de habitantes, que reúnen alrededor del 8 % de la población urbana. No es una proporción muy alta, pero el número de estas ciudades se ha doblado desde 1990. Hoy son alrededor de 50 núcleos, particularmente localizados en Asia, que acomodan a más de 325 millones de seres. Por último, tenemos las llamadas megaciudades, que son las que reúnen más de 10 millones de habitantes: son núcleos de singular importancia por su tamaño y por la concentración de actividades económicas y servicios, pero solo representan una parte pequeña de la población urbana; en 1990 había tan solo 10 megaciudades, que reunían 150 millones de personas (7 % de los urbanos): hoy son más de 33, con 530 millones de habitantes, pero su porcentaje es tan solo del 13 %. Tienen, por lo tanto, un valor más simbólico que demográfico, si bien estas macrociudades van a seguir creciendo tanto en número como en población. Asia concentra las tres megaciudades más importantes, que son Tokio (37 millones), Deli (29 millones) y Shangái (26 millones); vienen después dos megaciudades latinoamericanas (Sao Paulo y Méjico) con 22 millones cada una y a continuación cuatro (El Cairo, Bombay, Pekín y Daca) con 20 millones. El declive demográfico de Japón se va a reflejar en la superación de Tokio en el *ranking* mundial de megaciudades por Deli, que se convertirá a finales de ésta década en la ciudad más poblada del planeta.

En contraste con el crecimiento de las megaciudades, se observa una reciente disminución del número de habitantes en algunos núcleos, sobre todo en aquellos países de Asia y Europa de muy bajos niveles de fecundidad y balances migratorios negativos. Algunas ciudades en Japón o Corea, en Asia; y en Polonia, Rumanía, la Federación Rusa o Ucrania, en Europa, han perdido población desde comienzos de siglo.

Los desafíos urbanos en los países desarrollados

Como se ha señalado, el proceso de urbanización está mucho más avanzado en los territorios desarrollados, donde casi el 80 % de la población reside en ciudades. Esta tendencia va a continuar hasta acercarse al 90 % a mediados de siglo. Y ello pese a que la tasa de urbanización está reduciéndose y convirtiéndose en negativa en algunos casos.

Los fuertes niveles de urbanización plantean retos importantes que es necesario enfrentar si queremos hacer sostenible el futuro desarrollo urbano. He aquí algunos:

— Ante todo, el aumento de la desigualdad, con sus secuelas de exclusión social, segregación y aparición de bolsas de pobreza persistente. La situación no se puede comparar a la de los países en desarrollo ya que la población tiene un mejor acceso a los servicios públicos, pero, en algunos casos, como en ciertas ciudades de los EE. UU., asistimos a un deterioro de las condiciones de vida de los inmigrantes y otras minorías étnicas en los últimos 50 años. La covid-19 ha contribuido a agravar la situación.

— Un segundo desafío es el derivado del cambio climático y de sus consecuencias medioambientales. Las ciudades generan una huella ecológica per cápita pequeña debido a su estructura urbana compacta, pero las fuertes tasas de urbanización en los territorios desarrollados provocan una intensa huella ecológica general, como sucede con las ciudades americanas con un consumo elevado de recursos, una acusada dependencia de los medios de transporte individuales, una amplia generación de residuos y una expansión suburbana que reduce el suelo agrícola disponible. Otro riesgo medioambiental deriva de la localización litoral de muchas urbes. En Europa, el 70 % de los núcleos de población se sitúa a menos de 10 metros del nivel medio del mar; y algo semejante sucede en los EE. UU., sobre todo en el golfo de Méjico y en la costa atlántica.

— La inmigración internacional convierte a nuestros núcleos urbanos en territorios heterogéneos, multiculturales, multiétnicos y plurilingües. En algunas urbes como Londres, Nueva York, Sídney, San Francisco, Toronto o Bruselas, la población extranjera se sitúa entre el 35 y el 60 %; son auténticos microcosmos: en Londres, 4 millones de trabajadores foráneos hablan más de 240 lenguas. Gestionar esa diversidad se convierte en un tercer desafío importante para las autoridades locales, ya que es a ese nivel donde deben llevarse a cabo las políticas que faciliten la integración de los alóctonos.

— Un cuarto reto deriva de la acumulación de personas mayores en las ciudades, que exigen fuertes inversiones para atender el costo de sus pensiones, los gastos de salud, transporte, espacios públicos, viviendas y otros servicios sociales. El envejecimiento demográfico demanda políticas para hacer *ageing-friendly cities,* pues una parte cada vez más importante de urbanos serán personas de edad.

El envejecimiento no es solo de las personas, sino también de las infraestructuras urbanas (agua potable, saneamiento, puentes, transportes, red eléctrica), cuya renovación demanda fuertes inversiones. El icónico metro de Londres tiene más de 100 años y, en la ciudad de Nueva York, más de 1000 kilómetros de la red de suministro de agua son también centenarios. A estas inversiones ordinarias de renovación hay que añadir las necesarias para convertir a estas ciudades en auténticas *smart cities* mediante los correspondientes procesos de digitalización de los servicios

Un caso especial son las ciudades que dejan de crecer como consecuencia de una decadencia de una economía regional. Estas urbes se localizan sobre todo en territorios que se han desindustrializado, con la consiguiente pérdida de empleos y de población. Aquí los desafíos son cómo mantener el costo de infraestructuras, como las educativas, las sanitarias o las de otros servicios sociales, con muchos menos usuarios.

Los desafíos urbanos en los países en desarrollo

Alrededor de un 52 % de la población vive en áreas urbanas en estos territorios, porcentaje que crecerá hasta el 57 % en 2030 y rebasará el 60 % en 2050. La tasa media de urbanización es del 2,1 %

y resulta especialmente fuerte en Asia y África; en la mayoría de sus países, el contexto está definido por un aumento del desempleo, débiles estructuras de gobierno, insuficiencia financiera, incremento de los niveles de pobreza y desigualdad, y proliferación de los *slums* y de la vulnerabilidad.

En el marco de una cierta diversidad, existen, sin embargo, ciertas características clave que marcan los objetivos de posibles acciones correctoras.

— La primera son, sin duda, la pobreza y la desigualdad. Se estima que al menos un tercio de la población urbana del mundo en desarrollo vive en condiciones de pobreza y en situaciones de extrema desigualdad, que afecta especialmente a grupos vulnerables como las mujeres, las personas mayores, los pueblos indígenas, los discapacitados, los migrantes y los refugiados. La covid-19 exacerbó estas desigualdades.

— La segunda es la carencia de infraestructuras adecuadas y de servicios básicos. La peor situación la presenta África, donde solo el 54 % de los urbanos tiene acceso al suministro de agua potable y únicamente el 23 % a la red de saneamiento. En contraposición, América Latina está mejor, con un 81 % de ciudadanos con acceso al agua potable y un 40 % a la red de saneamiento. La inaccesibilidad a estos servicios básicos se refleja en el crecimiento de los *slums*, especialmente notable en África y Asia del Sur. Los *slums* son la cara más dura de la pobreza, la desigualdad y la exclusión: sus pobladores no tienen acceso al agua potable o esta resulta insuficiente o inadecuada; una red de saneamiento pobre; viviendas insalubres y situadas, a veces, en lugares peligrosos; carencia de títulos de propiedad y riesgo permanente de ser expulsados; niveles altos de malnutrición; fuerte desempleo; condiciones de salud mediocres y una injusta estigmatización por el simple hecho de residir en estos lugares. Pese a algunos progresos en la reducción de las personas que viven en *slums*, todavía habitan en ellos alrededor de un billón de individuos: la mitad en Asia y alrededor de un 25 % en el África subsahariana.

— La tercera característica que igualmente se convierte en un desafío importante es el riesgo frente al cambio climático que plantea la fuerte urbanización. La inexistencia de infraestructuras adecuadas va a hacer más difícil resolver las amenazas provocadas por el calentamiento global en las urbes costeras o en las sometidas a riesgos especiales. Ciudades como Deli en India, Yakarta en Indonesia o Durban en Sudáfrica ya están experimentado algunos efectos del cambio climático.

— La cuarta característica deriva de la necesidad de hacer frente al llamado «dividendo demográfico», es decir, la alta proporción de personas de 15 a 24 años que vive en los países en desarrollo, de ellos una parte significativa en las ciudades. Como sabemos (capítulo 17), el dividendo demográfico puede suponer una oportunidad para el progreso económico si se dan las condiciones (formación y creación de empleo), pero supone un riesgo de multiplicación del desempleo ante la inexistencia de esos requisitos y un factor de inestabilidad provocada por el descontento de esos jóvenes, que no encuentran acomodo en un mercado carente de empleos suficientes y con las condiciones adecuadas. Los países en desarrollo deben incorporar los diferentes aspectos del cambio demográfico a sus políticas de desarrollo urbano, de forma particular esta cuestión del dividendo demográfico.

— La quinta característica se relaciona con el olvido que sufren las ciudades de menos de un millón de habitantes, que, sin embargo, suponen más del 50 % de la población urbana de los países en desarrollo. Las inversiones se realizan sobre todo en las áreas metropolitanas más grandes, en detrimento de las que cabría realizar en las ciudades más pequeñas, que tienen carencias en servicios básicos.

Conclusiones

Vamos hacia un mundo de ciudades. Los países desarrollados ya están profundamente urbanizados y las naciones en desarrollo, con tasas de urbanización todavía altas, incorporan cada año millones de personas a sus núcleos urbanos, reduciendo la diferencia con los primeros. En contraposición, la población rural ha empezado a disminuir desde esta década y seguirá haciéndolo en el futuro.

El crecimiento de la población urbana es resultado de su propio crecimiento interno; del éxodo rural, casi desaparecido hoy en los Estados desarrollados pero pujante aún en el mundo en desarrollo; y de la inmigración internacional, que en muchos casos ha venido a sustituir a la interna.

La mayoría de los urbanos vive en ciudades de menos de un millón de habitantes, pero, salvo algunos núcleos pequeños, crecen todos los tamaños de ciudades. De manera especial lo hacen las llamadas megaciudades, con más de 10 millones de habitantes.

En cada gran bloque de países, el crecimiento urbano plantea diferentes desafíos. Algunos son comunes, como los riesgos del cambio climático; otros son más propios de cada grupo. En los Estados industrializados, es preciso mencionar el aumento de la desigualdad, la inmigración internacional, el envejecimiento demográfico, la obsolescencia de las infraestructuras urbanas o los retos que plantean las ciudades que dejan de crecer. En las naciones en desarrollo, la pobreza y desigualdad, la carencia de infraestructuras adecuadas y la multiplicación de los *slums*, el dividendo demográfico y el olvido de las ciudades pequeñas o medianas en beneficio de las grandes áreas metropolitanas.

19. ¿QUÉ VA A SER DE NOSOTROS? LAS PROYECCIONES DE LA POBLACIÓN MUNDIAL

El futuro seguirá su propio camino, nosotros hemos de seguir el nuestro. Hemos de cuidar a los mayores y estimular a los jóvenes y fomentar la igualdad para todos. Hemos de acoger a recién llegados y compartir con ellos nuestro espacio mientras preservamos la libertad y la tolerancia, gracias a las cuales vale la pena vivir en una sociedad. El descenso demográfico no tiene por qué ser una época de declive social. No obstante, hemos de entender lo que nos está pasando y lo que está a punto de pasarnos. En todos los años que llevamos juntos en el planeta, jamás nos habíamos enfrentado a nada igual: seremos cada vez menos. Imagínate.

Bricker, D. e Ibbitson, J. *El planeta vacío,* 2019.

No abundan los autores que pronostiquen un descenso de la población mundial. La mayoría, incluidos los organismos internacionales, juzgan que vamos a seguir creciendo (box 4) aunque a un ritmo menor. No obstante, hasta las NN. UU. incluyen entre sus proyecciones una variante baja en la que el aumento es mucho más moderado. Todo puede ocurrir, pero lo más probable es que nos movamos en cifras en torno al incremento previsto por la variable intermedia. Personalmente, no creo que lleguemos a la alta; tiene más posibilidades la baja y pocas la del decrecimiento del que nos hablan Bricker e Ibbitson. Si la he considerado aquí, a través de sus propias palabras, es por no olvidar que se manejan este tipo de opciones.

La población a mediados de siglo

Según el escenario medio de las proyecciones de las Naciones Unidas, cuyos datos son los que vamos a manejar de forma preferente, existe una probabilidad del 95 % de que la población del mundo oscile entre 9,4 y 10 billones en 2050. La cifra media utilizada es de 9,7 billones, que se van a distribuir espacialmente de modo diferente a como lo hacen hoy los habitantes del planeta (cuadro 5).

C.5. Distribución de la población por grandes regiones

	2022		2050	
	Total	%	Total	%
África subsahariana	1152	14,5	2094	21,6
Africa del Norte y Asia Occ.	549	6,9	771	7,9
Asia Central y del Sur	2075	26,1	2575	26,6
Asia Oriental y Suroriental	2342	29,5	2317	23,9
América Latina y Caribe	658	8,3	748	7,7
Australia y Nueva Zelanda	31	0,4	38	0,4
Oceanía	14	0,2	20	0,2
Europa y Norteamérica	1120	14,1	1125	11,7
Total	7942	100	9687	100

Fuente: *World Population Prospects 2022*

Asia Central y del Sur será la región más poblada del mundo desde 2037, mientras que las del este y sudeste podrían empezar a declinar desde 2035. Entre 2022 y 2050, el África subsahariana doblará casi sus efectivos, alcanzando dos billones a finales de 2040. Una fecundidad media en torno a los tres hijos por mujer y una tasa de crecimiento anual del 2,5 % harán que la región protagonice la mitad del aumento de la población mundial durante el periodo indicado. Europa y América del Norte alcanzarán su población máxima a finales de 2030; después, iniciarán un declive debido fundamentalmente a una fecundidad que desde mediados de los 70 no es capaz de renovar las generaciones (capítulo 21).

Más de la mitad del crecimiento estimado entre 2022 y 2050 se concentrará en solo ocho países: cinco africanos (República Democrática del Congo, Egipto, Etiopía, Nigeria y Tanzania) y tres asiáticos (India, Pakistán y Filipinas). En contraposición, unos 60 países experimentarán disminuciones del 1 % o más entre las mismas fechas. En cuanto a los sexos, se equilibrarán las proporciones de hombres y mujeres, superando la ligera ventaja actual masculina. Y en cuanto a las edades habrá un crecimiento significativo de los mayores de 65 años, que pasarán del 9,7 % actual al 16,4 %; eso significa evolucionar desde los 771 millones del presente a 1,6 billones y que las personas «mayores» alcancen los mismos efectivos que los menores de 12 años. Así pues, seguirá el crecimiento, aunque continuará moderándose y se intensificará la proporción de las personas de 65 años y más. Seremos más, pero sobre todo seremos más viejos.

Estas tendencias en el tamaño y la estructura de las poblaciones se deberán al juego del movimiento natural y migratorio. A nivel global, el número medio de hijos por mujer caerá a 2,1. Lógicamente, ese valor encierra algunas diferencias significativas. Europa y Norteamérica estarán en torno a 1,6 hijos por mujer, mientras que el África subsahariana tendrá una tasa de 3 hijos por mujer; realmente es la única gran región con una fecundidad por encima del umbral de reemplazo: con algunas pequeñas excepciones (Oceanía, salvo Australia y Nueva Zelanda), el resto de los grandes conjuntos tiene niveles por debajo. Cae la fecundidad, pero ¿serán los nacimientos inferiores a los 134 millones de 2021? La previsión de las Naciones Unidas establece, con una probabilidad del 95 %, que en 2050 oscilarán entre 118 y 155 millones. El valor medio de esos volúmenes da una cifra bastante parecida a la actual, pero hay que tener en cuenta que esa cantidad sería mucho mayor si se mantuviesen los índices de fecundidad actuales. Por otro lado, aunque la esperanza de vida al nacer va a subir desde los 73 años en 2019 a los 77 en 2050, el número total de fallecimientos crecerá de 67 millones en 2022 a 92 en 2050. Estas cifras de natalidad y mortalidad son las que nos permiten afirmar que la población del mundo va a seguir creciendo porque los nacimientos son siempre superiores a las defunciones; y que ese crecimiento va a continuar su ralentización debido a la reducción de la diferencia entre nacidos y fallecidos.

En algunas partes del mundo, la migración internacional será el principal componente del cambio demográfico. Así sucederá en la mayoría de los países desarrollados, con menos nacimientos que defunciones. En cambio, en las naciones en desarrollo, el crecimiento natural continuará siendo el factor fundamental del incremento.

Incontestablemente, una cifra entre 9000 y 10 000 millones es elevada. Sin embargo, refleja, como he señalado, una desaceleración del crecimiento de la población mundial. De 1900 a 1950, los habitantes de la Tierra subieron un 53 %; de 1950 a 2000, un 140 %; y de 2000 a 2050, si la hipótesis media de las Naciones Unidas se cumple, un 61 %, es decir, menos de la mitad del aumento en el medio siglo precedente. Esa caída en el ritmo se debe a la lógica de la transición demográfica (capítulo 1), matizada por la elevación de la esperanza de vida: habrá menos nacimientos, pero la gente viviría más años.

Las incógnitas sobre el futuro

La hipótesis media es la más probable, pero no la única. Por encima y por debajo tenemos otras dos variantes (alta y baja) que contemplan respectivamente crecimientos más elevados y más modestos. En este último caso y puesto que se trata de la «población mundial» en su conjunto, el menor incremento está producido por una caída de la natalidad más intensa o por una reducción de la esperanza de vida. Como recuerda Gérard-Francois Dumont (2023), esta posibilidad estaría causada por varios tipos de riesgo.

En primer lugar, el riesgo de la subalimentación (box 5), que puede estar provocada por causas diversas: ante todo, por los conflictos civiles o las guerras que desorganizan las economías. Existe una cierta correlación entre contienda armada y subalimentación en el sentido de que algunos de los territorios más afectados por esta última son los que presentan una situación de mayor violencia.

La insuficiencia alimentaria no está provocada por causas climáticas o una producción insuficiente, sino por el control de los alimentos que ejercen los dirigentes políticos o los grupos violentos. Existe una clara relación entre subalimentación y régimen político. Los Estados democráticos que persiguen el bien común (alimentación, educación, salud) tienen una mejor situación alimentaria que los autoritarios o las dictaduras, cuyo mantenimiento exige invertir cantidades mucho mayores en gastos de seguridad y defensa. Es la elección de los «cañones» en vez de la «mantequilla», el viejo dilema planteado por William Jennings. La relación es estrecha hasta tal punto que, cuando se produce un periodo de aperturismo y mayor libertad, la subalimentación disminuye. Un último factor de riesgo se relaciona con la estructura de algunas economías agrícolas que hunden sus raíces en épocas pasadas: durante la colonización, muchos países del sur se especializaron en los grandes cultivos de exportación, como el café, el té, el cacao, la caña de azúcar, el caucho, los cacahuetes o la copra; esta especialización ha sido mantenida o incluso reforzada por políticas fiscales o de otro tipo que favorecen a las clases dirigentes controladoras, directa o indirectamente, de las exportaciones; de esta forma, las medidas adoptadas tienden a desincentivar los cultivos relacionados con la alimentación que deben ser importados y resultan caros.

Otra causa de la subalimentación es la inadecuada utilización de las ayudas al desarrollo. Deberían tender a reducir los problemas alimentarios, pero su dedicación a otras finalidades (compra de armamento) o simplemente motivos de corrupción hacen que no cumplan una de sus finalidades prioritarias.

La acción de los factores mencionados puede exacerbar la subalimentación reduciendo la esperanza de vida y, a la postre, ralentizando el crecimiento. Son circunstancias que tener en cuenta, ya que se producen habitualmente en los países de mayor crecimiento.

Un segundo grupo de causas son los riesgos de una alimentación desequilibrada o excesiva, una de cuyas manifestaciones más visibles es la obesidad. Declarada como enfermedad por la Organización Mundial de la Salud en 1997, se produce cuando el índice de masa corporal de una persona (el IMC) es de 30 o más. Ese índice se calcula dividiendo el peso de la persona en kilogramos entre el cuadrado de su altura en metros. Tanto el sobrepeso (IMC de 25 o más) como la obesidad están creciendo en todas partes, de manera particular en los territorios de rentas más altas. Según la OMS, 1 de cada 8 personas en el mundo eran obesas; en ese mismo año, 2500 millones de adultos (18 años y más) y 390 millones de niños y adolescentes tenían sobrepeso: de ellos, 890 millones de adultos y más de 390 millones de niños y adolescentes eran obesos. Cada año varios millones de personas, especialmente mujeres, mueren en el mundo como consecuencia de esas enfermedades, que resultan más mortíferas que la insuficiencia ponderal. Siempre a escala planetaria, el 44 % de la diabetes, el 23 % de las cardiopatías isquémicas y del 7 al 40 % de ciertos tumores pueden imputarse al sobrepeso y la obesidad. Es preciso frenar su influencia si no queremos que su acción mortífera siga creciendo.

Un tercer grupo de factores de riesgo que puede provocar una mortalidad superior a la previsible se relaciona con las insuficiencias sanitarias. La escasez de medios para luchar contra determinadas enfermedades de alta incidencia mortífera o atender los gastos crecientes en las sociedades envejecidas puede trastocar las previsiones sobre una mortalidad decreciente. E igualmente lo puede hacer la aparición de epidemias como la de covid-19 sufrida recientemente, que causó 15 millones de muertos entre el 1 de enero de 2020 y el 31 de diciembre de 2021 y redujo la esperanza de vida mundial en casi dos años (capítulo 9).

Los riesgos podrían provenir también de la adopción de hábitos poco saludables que limiten la necesaria prevención de muchas de las enfermedades mortíferas. Hábitos relacionados con la alimentación o el consumo de productos nocivos como el alcohol o las drogas. Y es necesario prestar especial atención a las enfermedades mentales que en estos tiempos de confusión e incertidumbre crecen tanto entre los jóvenes como entre las personas mayores.

Una nueva amenaza deriva de los peligros de la contaminación atmosférica en determinadas zonas del planeta y de las consecuencias que pueda tener el cambio climático. Por último, es necesario contemplar los riesgos de posibles conflictos bélicos que, debido a los medios de destrucción masiva disponibles, pueden resultar muy mortíferos.

Cada uno de estos riesgos o la combinación de varios de ellos podrían provocar un escenario con mortalidades superiores y natalidades más pequeñas a las contenidas en la variante media de la proyección. La ONU contempla una variante baja en la que la población estaría ligeramente por debajo de los 9000 millones en 2050; no es probable, pero tampoco completamente descartable. Tampoco es muy probable que la población crezca por encima de los valores que estima la variante media. En cualquier caso, esa posibilidad exigiría una recuperación de la natalidad allí donde es muy baja o una caída menor que la prevista en los territorios en los que todavía es alta. E igualmente una mejor esperanza de vida, que se lograría limitando la acción de todos aquellos riesgos que pueden aumentar la mortalidad: alimentación insuficiente y desequilibrada, inatención de las necesidades sanitarias, calentamiento global y contaminación atmosférica y conflictos armados. La acción combinada de esos factores podría suponer una población en torno a los 10 600 billones de habitantes.

Así pues, las proyecciones de población no son talismanes maravillosos para predecir el futuro. Los demógrafos no tienen bolas de cristal donde lo puedan leer: lo que hacen es observar el pasado inmediato y el presente y, de acuerdo a lo que ha acontecido, formular hipótesis para intentar definir cómo será el futuro. Sus previsiones, por lo tanto, están condicionadas por una multiplicidad de factores que son los ingredientes básicos de esas hipótesis. Las más probables dan lugar a la variante media; las menos verosímiles, a las variantes alta y baja respectivamente.

Conclusiones

En torno a 2050 habrá 9700 billones de seres sobre la Tierra. Son 1700 billones más que en 2022, pero menos de los proyectados hace algunos años, debido a que el crecimiento continúa ralentizándose. El dato responde a la hipótesis media de las Naciones Unidas, que es considerada como la más probable. Por encima y por debajo, la ONU ofrece otras dos variantes (alta y baja) que arrojan cálculos de unos 8900 y 10 600 billones respectivamente; son menos probables, pero no completamente descartables y en cualquier caso suponen la acción de factores sobre los que se puede actuar con las medidas adecuadas. De manera especial, los que pueden provocar una mortalidad más alta de la deseable

¿Y después del 2050? ¿Qué población tendremos en 2100? Las proyecciones a tan largo plazo son mucho más inciertas y sus resultados deben manejarse con prudencia. Sabemos que la población seguirá creciendo y que podría alcanzar la cifra de 10,4 billones. Si damos por buena la estimada para 2050 de 9,7 billones, el incremento resultante sería tan solo de un 7,2 %, lo que confirmaría la lentificación del crecimiento.

¿Llegará un día en que la población primero se estabilice y después comience a descender? Es posible, pero eso no ocurrirá probablemente a lo largo de este siglo.

20. ÁFRICA: ¿REALMENTE NOS VAN A INVADIR?

El mero peso de las cifras nos obliga a reimaginar el continente africano. Los crecimientos previstos van a repercutir en la geopolítica, el comercio mundial, el desarrollo tecnológico, el futuro de las religiones dominantes, los patrones migratorios... en casi todos los aspectos de la vida. Una mayor familiaridad con las diversas características y trayectorias demográficas de los diferentes territorios es un buen punto de partida para esta reimaginación.

Edward Paice, director del Africa Research Institute.

El continente que más crece

En 1950 África, con 227,7 millones de habitantes, tenía menos de la mitad de los habitantes de Europa (549,3 millones) y una población inferior a la de las Américas (341,4 millones), si bien todos estos continentes eran rebasados por el coloso asiático, el único que albergaba más de mil millones (1,4). A finales del siglo pasado África supera a Europa debido a la ralentización del crecimiento europeo, provocada por su baja fecundidad, que no logra compensar la inmigración recibida. En contraposición, asistimos a un fuerte crecimiento de la población africana debido inicialmente al descenso de la mortalidad. La tasa bruta (número de fallecidos por cada mil habitantes) pasa de 27 en los años 50 a 13 a finales de siglo; la mortalidad infantil (fallecidos menores de un año por cada 1000 nacidos), de 188 a 90; y la esperanza de vida al nacer, de 37 años a 52. En cambio, la natalidad se mantiene fuerte (40 nacimientos por cada 1000 habitantes) hasta mediados de los años 90. El crecimiento natural evoluciona al alza de acuerdo a la lógica de la primera etapa de la transición demográfica.

Sin embargo, la mejora de la mortalidad infantil y juvenil favoreció el descenso de la natalidad, que pasó de una media de 6,5 hijos por mujer en los años 80 a 5 a finales de siglo. Los 227 millones de 1950 se convirtieron en los más de 800 en los inicios del nuevo milenio. En 2010 África franquea el umbral de los mil millones de habitantes y llega a 1400 millones en 2023, pese a la caída de la fecundidad, que en este último año es de 4,3 hijos por mujer. La explicación a esta aparente incongruencia es que esa tasa de fecundidad más reducida se aplica a una elevada población de mujeres en edad de procrear, fruto de las altas natalidades previas. Es el fenómeno de la inercia demográfica ya mencionado con anterioridad. No obstante, y pese a esa caída, la fecundidad y la natalidad africanas siguen siendo generalizadamente altas. ¿Cuáles son las causas? Se trata de una multiplicidad de factores combinados.

En algunas sociedades se sigue valorando que una alta natalidad es mejor que una baja debido a que los niños se convierten pronto en mano de obra disponible y constituyen un cierto seguro para la vejez. También por el hecho de que tener muchos hijos es, sobre todo para los varones, un factor de prestigio social. Hay que tener en cuenta igualmente que el primer descendiente se tiene a edades bastante tempranas, en general cuatro años antes que el promedio mundial, y que hay todavía muchos embarazos adolescentes no siempre deseados. El tener el primer hijo tan jóvenes favorece un tamaño medio familiar más extenso. Influyen también en los comportamientos fecundos los bajos porcentajes en el uso de los métodos de planificación familiar: a nivel general, solo un 32 % de las mujeres casadas utiliza alguno de los llamados métodos modernos; en el mundo, ese valor es del 55 %, y en los países desarrollados, por encima del 60 %.

África se ha convertido en un gigante demográfico y se ha situado detrás de Asia en la clasificación continental. No obstante, es preciso manejar con una cierta precaución las cifras de población africana que dan la ONU u otros organismos públicos o privados. En muchos casos, provienen de estimaciones ante la inexistencia de censos recientes o ante la falta de estadísticas fidedignas del registro civil, que únicamente recoge una parte de los nacimientos reales. La debilidad estadística es particularmente notable en el África subsahariana. No obstante, resultan innegables los progresos en algunas de las variables significativas. La mortalidad infantil ha bajado a 44 fallecidos por mil nacidos y la esperanza de vida al nacer ha subido a 63 años; el crecimiento natural está hoy en un 2,4 %, superando claramente la media mundial, que es de 0,9 %; pese a la caída de la fecundidad, la población joven (menos de 15 años) se mantiene por encima del 40 %. África tiene un dividendo demográfico potencial elevado que, bien utilizado, se puede convertir en un importante factor de progreso económico (capítulo 17).

A pesar de la intensidad del crecimiento, África tiene una densidad de población modesta: 45 habitantes por kilómetro cuadrado frente a los 60 de la población mundial. Y una gran diversidad interior, con diferencias significativas en las tasas de natalidad, mortalidad general e infantil o el crecimiento natural. Es un hecho relativamente nuevo porque el África de los años 40 era mucho más homogénea con niveles altos de natalidad y mortalidad. Después, cada territorio ha seguido su propio camino en el proceso de la transición demográfica debido a la incidencia diferente de factores como la intensidad de algunas enfermedades (malaria, sida, cólera), los conflictos armados o la importancia de las políticas públicas particularmente en el ámbito sanitario. Desde el punto de vista del crecimiento interno, el continente africano está lejos de la homogeneidad. Simplificando mucho podríamos decir que el África del Norte y la zona austral tienen tasas de fecundidad, natalidad, mortalidad infantil y crecimiento natural inferiores a la media del continente; en cambio, la parte situada al sur de Sáhara tiene valores superiores, con alguna excepción. Sirva un solo ejemplo para ilustrar estas diferencias: África del Norte tiene una tasa de fecundidad de 3 hijos por mujer; África del Sur, de 2,4; y el África subsahariana, de 4,6.

Un territorio de emigración

Los crecimientos demográficos, aún fuertes, de la mayoría de los países convierten al continente en tierra de emigración. Según los datos de la ONU, el balance migratorio es negativo desde los años 50, con un saldo que fluctúa según los años entre 2 y 3 millones.

Son varios los factores que propician el éxodo. Ante todo, priman los económicos. Pese a que una buena parte del suelo africano dispone de abundantes recursos, el nivel de desarrollo es netamente inferior al de otros espacios. A ellos se añaden circunstancias políticas como la falta de libertades consustancial a los regímenes autoritarios, todo lo cual crea un contexto político-económico de desempleo y desencanto que expulsa a muchos jóvenes de sus territorios. Si además se producen episodios violentos, la emigración está más que servida. La extremada juventud de la estructura por edades multiplica los candidatos al éxodo ya que sus protagonistas prioritarios tienen entre 18 y 30 años. Al final, se produce una especie de triple hélice causal: la existencia de una gran abundancia de jóvenes; una economía deficiente que no acaba de despegar; unos regímenes políticos incapaces de promover el desarrollo. El dividendo demográfico africano, mal aprovechado, se va muchas veces contra su propia voluntad.

Junto con estos factores de expulsión, existen otros de atracción hacia distintos países o continentes. Como bien sabemos, la primera región para los africanos es Europa, sobre todo su parte occidental, habida cuenta de la proximidad geográfica y de los lazos que unen a los países de las dos orillas. Varias circunstancias favorecen la *atractividad*. En primer lugar, la herencia de la colonización, que ha permitido que muchas personas de los países de origen hablen la lengua de los territorios de destino, lo cual favorece los intercambios. La *atractividad* lingüística se refuerza por la existencia de acuerdos internacionales que permiten a los inmigrantes optar a una amplia gama de beneficios sociales o políticos (educación, sanidad, derecho al voto), incluso a adquirir la nacionalidad de un país europeo sin renunciar a la del país de origen. De esta manera, la posibilidad de tener dos pasaportes constituye un claro aliciente para la movilidad.

Resulta evidente que los Estados europeos necesitan la inmigración debido a su delicada demografía, con cifras de crecimiento interno generalizadamente negativas (capítulo 21). La escasez de jóvenes crea dificultades en los mercados de trabajo, que deben recurrir a los trabajadores extranjeros sobre todo en aquellos oficios (edificación, restauración, cuidado de mayores, trabajo del hogar) en los que ya no quiere laborar la mano de obra nacional. Si vienen los africanos es que hay trabajo. No vienen a quitar puestos de trabajo a los autóctonos.

Los medios de comunicación contribuyen a este éxodo sin pretenderlo, al presentar un mundo no exento de problemas pero en el que existen muchas oportunidades de vivir una vida mejor y de promoción para las familias y sus hijos. De esta forma alimentan el «sueño europeo» que late en la cabeza de la mayoría de los que se disponen a partir.

La instalación en los países de destino de colonias procedentes de tal o cual región emisora facilitan la llegada de personas con esos mismos orígenes, acogiéndolas y ayudándolas en los primeros tiempos de la inmigración. Por su parte, los inmigrantes ilegales aceptan las condiciones difíciles de tal situación con la esperanza de que puedan ser regularizados, como así ha sucedido en muchos países europeos (Italia o España). De esta forma se abre la vía para una reagrupación familiar.

Son tantos los beneficios posibles que muchos emigrantes que pretenden entrar en Europa de forma clandestina arrostran los desafíos de un viaje peligroso u organizado por las mafias que trafican con seres humanos. El Mare Nostrum se ha convertido para muchos emigrantes africanos en un cementerio marino en el que reposan, ignorados y anónimos, para siempre.

Europa no es el único destino para los africanos. América del Norte y América Latina se han convertido en áreas de atracción para estos movimientos debido a la reducción de los inconvenientes provocados por la distancia. Por otro lado, y pese a su condición prioritaria de tierra de emigrantes, África recibe también inmigrantes en una pequeña proporción cualificados y en su mayor parte trabajadores sin especialización. Entre ellos predominan los chinos, dedicados prioritariamente a las actividades comerciales. África del Sur y después Angola son los destinos principales.

El futuro

Sobre una población mundial de 9700 millones, África reunirá a mediados de siglo casi 2500 millones de habitantes, más de una cuarta parte del total y 1100 millones más que en 2023. Es una cifra que asusta sobre todo a los europeos, que temen un recrudecimiento de la llegada de inmigrantes africanos en sus países ante la imposibilidad de que el continente de salida pueda sostener a toda esa población en unas condiciones de vida razonables. El temor se focaliza principalmente en el África subsahariana, que, con índices de fecundidad de 3 hijos por mujer a mediados de siglo, va a suponer la mitad del crecimiento de la población mundial entre 2022 y 2050.

Las cifras manejadas para cuantificar ese crecimiento son las de la variante intermedia de las proyecciones de la ONU. La pregunta que surge es si las cosas van a suceder realmente así. La mayoría de las estimaciones prevé un incremento fuerte, con valores semejantes a los que ofrece la ONU, pero hay también autores como Darrell Bricker y John Ibbitson (*El planeta vacío*, 2019) que pronostican una caída más intensa de la fecundidad y, en consecuencia, un crecimiento más modesto. Para argumentar su tesis ponen como ejemplo a Kenia, en donde «el acelerado ritmo de urbanización, el rápido aumento de la educación entre las mujeres, el tremendo impacto de la tecnología *on line*, el efecto transformador del comercio internacional, las mejoras en los programas de educación y salud maternas... son factores a los que no conceden (suficiente) atención los modelos demográficos que consideran que en África la tasa de fecundidad es estática o disminuye solo lentamente». El ejemplo de Kenia, que tiene ahora un índice de fecundidad de 3,4 hijos por mujer frente a los 4,3 del continente africano, fundamenta la tesis de estos autores: «... esperamos y creemos que el futuro de África es más prometedor del que predicen los demógrafos de la ONU». Es posible, pero en cualquier caso el crecimiento no va a ser probablemente mucho más reducido que el estimado en la variante intermedia de la proyección «onuniana». Y, por ende, la emigración desde el continente va a tener muchos protagonistas hasta mediados de siglo. Los países receptores, sobre todo de Europa, deben prepararse para recibir fuertes contingentes de emigrantes, que serán menos en la medida en la que la implantación de actividades económicas en los países de origen y la ayuda al desarrollo resulten eficaces.

Conclusiones

África se ha convertido en un gigante demográfico que ha pasado de 228 millones de habitantes en 1950 a 1400 millones en 2023. La mortalidad general e infantil ha disminuido y la esperanza de vida, pasada la fase álgida del sida, ha crecido. Y, aunque la fecundidad también ha retrocedido, sigue siendo alta en buena parte del continente.

El fuerte crecimiento ha provocado una sobreabundancia de jóvenes que no encuentran acomodo en los mercados de trabajo nacionales y que se ven obligados a emigrar.

La fecundidad va a seguir bajando, pero la inercia demográfica va a provocar que el continente llegue en 2050 a los 2500 millones de personas, mil más que en el momento actual. Es deseable y posible que África alcance en los próximos 25 años un mayor nivel de desarrollo, pero eso no evitará que las migraciones desde el continente sigan siendo fuertes. Europa debe prepararse para recibir la mayor parte de esos flujos.

21. ¿TIENE SOLUCIÓN EL INVIERNO DEMOGRÁFICO EN LA UNIÓN EUROPEA?

La expresión «invierno demográfico» la empleó por primera vez Michel Schooyans, filósofo, teólogo y sacerdote belga que fue profesor de la Universidad de Lovaina en los años 60 del siglo pasado. Desde entonces es utilizada para definir la disminución extrema de la población de un territorio debida a un número inferior de nacimientos al de defunciones. Esta es la situación de la mayoría de los Estados europeos. En algunos, el balance desfavorable provocado por el crecimiento natural negativo es compensado por un saldo positivo de los movimientos migratorios; en otros, los dos balances son negativos, lo cual acentúa los rigores del «invierno demográfico» y define situaciones poblacionales preocupantes.

Europa: el reverso de África

La Unión Europea supone el 60 % de la población del continente. Rusia (box 6) reúne el 20% y el resto de paises el otro 20 %, del cual la mitad corresponde al Reino Unido.

La Unión representa el reverso de la moneda del continente africano, en particular de su zona subsahariana. Allí (capítulo 20), el crecimiento natural es mucho más fuerte debido a una natalidad que, aunque disminuida, sigue siendo generalizadamente alta y a una mortalidad que ha bajado de una manera significativa. En los 27 Estados de la Unión, el crecimiento natural es negativo. En África, la población joven (menos de 15 años) supone el 40 % del total, mientras que en la Unión tan solo el 15 %. En contraposición, las personas de 65 años y más representan en los 27 el 21 % y solo el 3 % en el continente africano. Una extrema juventud frente a una población muy envejecida. Por último, África es un continente netamente emigratorio mientras que los Estados de la Unión constituyen uno de los grandes focos de inmigración del mundo.

La población actual de los 27 es de 448,4 millones en 2023. Son casi 94 millones más de los que había en 1960, pero el ritmo de crecimiento ha tenido dos fases muy diferentes. En los años 60 del siglo pasado, el aumento fue de unos 3 millones al año, mientras que, en el periodo más reciente (2005-2022), la población solo creció anualmente unas 800 000 personas.

Pocos nacimientos, más defunciones

La ralentización del aumento se debe a ese balance natural negativo que se produce a partir del año 2012. Veamos los dos componentes de esa ecuación.

Los nacimientos han pasado de 4,4 millones en 2001 a 3,8 millones en 2022, una pérdida de 600 000 en poco más de 20 años y muchos más si nos retrotraemos al año récord de la natalidad, que se alcanzó en 1964 con 6,8 millones de nacidos. Tres determinantes prioritarios explican la intensidad de esta pérdida. El primero es la caída de la tasa de fecundidad: en 2022 fue de 1,46 hijos por mujer frente a los consabidos 2,1 necesarios para la renovación de las generaciones; en la clasificación europea, España figura con el peor registro (1,16) y Francia con el mejor (1,79), pero ningún país de la Unión llega al umbral crítico de 2,1. El segundo es la fuerte reducción de los efectivos de mujeres en edad de procrear debido precisamente a esas natalidades sostenidamente decrecientes. El tercero es el progresivo retraso de la edad media de la maternidad, que ha pasado de 29 años en 2001 a más de 31 en la actualidad. En el primer año, el grupo con mayor tasa de fecundidad fue el de 25 a 29 años; en 2022 fue el de 30 a 34 años. Cada vez hay un mayor volumen de madres tardías ya que crecen igualmente las tasas por encima de los 35 años. Y aumenta también la edad a la que se alumbra el primer hijo, que se establece en 2022 en casi 30 años (29,7).

Dos rasgos más caracterizan a la natalidad europea. El primero es que casi la mitad de los niños nacidos cada año son el primero alumbrado por su madre; los segundos nacimientos suponen un 35 %, los terceros un 12,5 % y los cuartos o siguientes solo un 6%: en suma, la natalidad europea se caracteriza por ser modesta y tardía, y este último rasgo explica, en parte, el anterior. El segundo es el papel significativo que juegan las madres extranjeras en la natalidad; en ellas se incluyen las que dan a luz en un país de la Unión distinto al de su nacimiento o proceden de Estados fuera de los 27. El porcentaje de estos alumbramientos se elevó en 2022 a un 22%.

Frente a la disminución de los nacidos vivos, estamos asistiendo a una elevación progresiva del volumen de fallecimientos. Hasta el 2011 oscilaron entre 4,3 y 4,1 millones, pero en 2022, superadas las cifras más altas de la pandemia, sumaron 5,1 millones. Eso no ha impedido los buenos resultados en la esperanza de vida y la mortalidad infantil. Las mujeres europeas están por encima de los 83 años y los hombres en 78. Aunque disminuye ligeramente el *gap* entre mujeres y hombres, se mantiene en torno a los cinco años. Por razones genéticas o relacionadas con los modos de vida, el sexo fuerte desde el punto de vista de la mortalidad (y por supuesto desde otros ángulos) es el femenino, si bien las mujeres tienen peores esperanzas de vida saludable que los varones (capítulo 6). En cuanto a la mortalidad infantil, la Unión ostenta una de las tasas más bajas del mundo, con un valor de 3,3 niños fallecidos con menos de un año por cada 1000 nacidos vivos.

En conjunto, si comparamos los nacimientos con las defunciones en 2022, obtenemos un saldo negativo de -1,3 millones. De no ser por la existencia de un saldo migratorio positivo, la población de la Unión disminuiría cada año.

Esta situación constituye una especie de anomalía de acuerdo a lo contemplado en el modelo inicial de la transición demográfica, que preveía una cierta estabilización de la población en los territorios que llegaban al final de la tercera fase (capítulo 1) con una fecundidad que se mantendría en el nivel de reemplazo. Su descenso por debajo de ese nivel está en la base de la formulación del nuevo modelo denominado «segunda transición demográfica», caracterizado, además de por esa caída, por cambios en las formas de unión de las parejas, el aumento de las rupturas matrimoniales, la aparición de nuevos modelos familiares o el incremento de la natalidad extraconyugal. Quizás una anomalía, pero una realidad incuestionable. Ese denominado «invierno demográfico» tiene como factor explicativo básico la caída de la natalidad, que además está en el origen de otro proceso fundamental como es el envejecimiento de la población.

La vieja Europa se hace vieja

Aunque, por las razones expuestas anteriormente (capítulo 13), los 65 años ya no son un umbral satisfactorio para definir el inicio estadístico de la vejez, vamos a utilizar esta edad para dar una idea aproximada de la situación del envejecimiento en la Unión.

Comenzaré diciendo que, tras Japón, la Europa de los 27 es la región más envejecida del planeta. El país oriental tenía en 2023 un 29 % de su población con 65 años y más, y la Unión Europea, un 21 %, con valores extremos en Portugal (24 %) e Irlanda (15 %).

Dos rasgos fundamentales caracterizan el envejecimiento europeo. Ante todo, un mayor protagonismo de las mujeres, ya que hay 133 féminas mayores de 65 años por cada 100 varones; esa feminización se intensifica en las edades por encima de los 85 años, en las que hay más de dos mujeres por cada hombre: más viejas que viejos y todos cada vez más viejos. El segundo rasgo es precisamente el envejecimiento de la propia vejez, que se traduce en una rápida expansión de las personas con 85 años y más, que ya representan el 3 % de la población total. En este proceso, los países mediterráneos (Portugal, España, Italia y Grecia) tienen los porcentajes más altos de personas «más mayores».

Un indicador sintético del envejecimiento es la edad mediana, que divide a la población total en dos mitades con iguales efectivos. Su valor actual es de 43,7 años, que llegan a los 46,7 en el caso de

Italia. Que casi la mitad de los habitantes de un país tenga 50 años significa la existencia de pocos jóvenes y muchos mayores, lo cual plantea múltiples desafíos para el futuro inmediato: particularmente, la elevación de los costes del pago de las pensiones, los gastos sanitarios y la discapacidad y dependencia que ha de sufragar una población joven y adulta-joven en retroceso. La llamada tasa de dependencia de la vejez (*the old age dependency ratio*) mide la relación entre las personas mayores que ya no trabajan (65 y más) y la población en edad de trabajar (entre 20 y 64 años); dicha tasa fue en 2001 del 26 %, es decir, había cuatro personas en edad de trabajar por cada individuo con 65 años y más; en la actualidad es del 34 % (3 trabajadores por cada pensionista) y en 2050 se estima una tasa del 56,7 %, lo que significa que habrá menos de dos personas en edad de trabajar por cada persona mayor.

Las razones demográficas (baja natalidad y fuerte envejecimiento) y sus consecuencias negativas sobre el mercado de trabajo constituyen uno de los factores que hacen de la Unión Europea el primer espacio de inmigración del mundo. Vamos a dedicar la tercera parte de este capítulo a la caracterización del fenómeno migratorio.

Un espacio globalmente atractivo

Como señalaba anteriormente, la inmigración corrige el balance negativo del crecimiento natural y permite que la población de la Unión siga creciendo. En 2022, la diferencia entre nacimientos y defunciones fue de -1,3 millones de personas, pero el saldo migratorio se elevó a +2,9 millones, lo cual permitió a la población crecer en 1,7 millones.

Los datos básicos de la inmigración reciente son los siguientes: en 2022 entraron en la Unión Europea 5,1 millones de personas procedentes de países de fuera, a los que hay que sumar 1,5 millones más que se movieron de un país a otro de la Unión. En 2023, los ciudadanos no pertenecientes a un Estado de la Unión sumaban 27,3 millones. Son, en conjunto, tan solo el 6,1 % de la población total de los 27. No parece un porcentaje ni demasiado elevado ni inasumible pese a la insistencia de algunos partidos políticos y asociaciones que alientan el mito de la invasión. Además, no olvidemos que también desde la Unión se producen migraciones. En 2022 hubo un millón de personas que salieron hacia un Estado de fuera de la Unión, lo cual reduce el balance de los migrantes procedentes de fuera a poco más de 4 millones. Pero dejemos las cifras y vayamos a la caracterización del fenómeno migratorio. La primera cuestión que abordar es ¿qué tipos de migraciones recibe actualmente la Unión?

Una primera categoría es la de las migraciones por razones políticas. Entre ellas hay que citar las provocadas por el conflicto en la antigua Yugoslavia de los años 90 del siglo pasado, que obligaron a miles de personas a solicitar asilo en otros países europeos. Ya en el siglo XX se produjeron nuevas oleadas debidas al conflicto en países de fuera o del interior de la propia Europa. Entre las primeras hay que citar la importante migración siria o la procedente de países como Eritrea, Afganistán o Somalia, que produjeron elevadas demandas de asilo; entre las segundas están las derivadas de la invasión rusa de Ucrania, que hasta ahora ha producido más de 30 000 muertos y de 6 millones de refugiados.

A las causas políticas hay que añadir los motivos económicos, que, sin duda, son el principal factor de atracción. El desequilibrio población-recursos, acentuado por el mal gobierno de regímenes corruptos, arroja a miles de africanos o asiáticos hacia destinos donde pueden vivir, educar a sus hijos y atender a la familia que dejan en el lugar de partida, mediante el envío de remesas. La Unión Europea es un destino preferente para esas personas no solo por las oportunidades que ofrece su mercado laboral, sino también por los servicios y derechos que proporciona a los emigrantes. Un mercado laboral abierto a los inmigrantes cualificados, pero también a los de menor cualificación que se ocupan de los oficios que no quieren desempeñar los europeos.

La Unión es destino importante para los estudiantes que acuden a formarse en sistemas de buena calidad y que, en parte, se acomodan después a los mercados de trabajo nacionales. Y junto con la inmigración legal hay que mencionar las corrientes clandestinas que parecen crecer y son el motivo de preocupación prioritario para ciertos partidos políticos, sobre todo de la ultraderecha.

Hasta ahora, al menos, la inmigración ilegal no alcanzaba fuertes proporciones, en especial aquella que entraba en los países de acogida de forma fraudulenta y que, en parte, es devuelta a sus países de origen tras una resolución judicial. La forma prioritaria de ingresar en las filas de los ilegales es cuando caduca la vigencia de la documentación con la que se emigró: esas personas inicialmente legales se convierten en ilegales, pero se quedan en destino a la espera de que una regularización les devuelva la condición regular. Así ha sucedido en el último cuarto de siglo en la Unión, en donde se han regularizado más de 3 millones de personas.

¿Cómo son, de dónde vienen y a dónde van preferentemente los inmigrantes? Desde el punto de vista de la composición por sexos, existe una proporción semejante de hombres y mujeres, y desde la perspectiva de las edades tienen una estructura claramente más joven que la población autóctona. Frente a la edad mediana de la población nativa, de 44,5 años, los inmigrantes tienen tan solo 30,5 años. Son, pues, varones y féminas jóvenes en edad de trabajar.

Todos los países de la Unión reciben inmigrantes, pero los mayores receptores son Alemania, España, Francia e Italia, que tienen las colonias más numerosas. Las zonas de procedencia de esas personas se han diversificado mucho en los últimos tiempos, si bien se siguen manteniendo algunas áreas prioritarias de abastecimiento unidas a los países receptores por importantes lazos históricos. Francia recibe fuertes contingentes de Argelia o Marruecos; España de Marruecos y América Latina; Alemania de Turquía; Portugal de Cabo Verde, Angola o Mozambique; y, fuera ya de la Unión, el Reino Unido de la India o Pakistán. En algunos casos, los inmigrantes prioritarios en un determinado país se extienden hacia las naciones vecinas. La inmigración marroquí, dirigida principalmente a España o Francia, ha acabado por extenderse a Bélgica, Holanda, Italia, incluso a Alemania. Y los turcos, asentados sobre todo en Alemania, reemigran a Suiza, el Benelux o los países nórdicos.

La Unión Europea se ha convertido en un mosaico de nacionalidades que introducen diversidad y abigarramiento en las poblaciones nativas, que, aunque sigan siendo muy mayoritarias, reducen paulatinamente su peso en el conjunto de las poblaciones nacionales.

¿Y el futuro?

Ante todo, la Unión Europea no va a crecer. Sí lo hará a corto plazo (451 millones en 2035), pero no en el horizonte 2050, cuando la población será alrededor de 3 millones menos que en 2023. Como la mayoría de las demás poblaciones sí continuarán aumentando, el peso demográfico de la Unión será cada vez más pequeño: en 2023 fue del 5,6 % y en 2050 será del 4,5 %. Menos habitantes absoluta y relativamente y, al mismo tiempo, más viejos y diversos.

El envejecimiento será imparable y la inmigración va a continuar y se va a intensificar. Respondiendo al interrogante del título de este capítulo, sin esa inmigración no vamos ni siquiera a mitigar los rigores del invierno demográfico. La población extranjera no nos permitirá resolver todos los desafíos que enfrentamos, los demográficos y también los económicos, y nos creará otros, los sociales, pero sin ella la situación se agravará hasta límites impensables. La Unión Europea no puede vivir sin los inmigrantes. Por ello, no resulta fácil de entender el rechazo que de ella hacen ciertos partidos o agrupaciones con argumentos forzados la mayoría de las veces Y, aunque algunos sean verdaderos, no deben empañar el papel básico que la inmigración juega en nuestras sociedades. Habrá que poner los medios no para impedirla, sino para regularla en todos y cada uno de los aspectos del sistema migratorio. A la Unión Europea le falta definir, de una vez por todas, una buena política migratoria.

Conclusiones

La Unión Europea protagoniza tres procesos demográficos concatenados de los que es su ejemplo más genuino: la baja fecundidad, que no permite desde hace tiempo la renovación de las generaciones y que explica básicamente el balance negativo del crecimiento natural; un envejecimiento fuerte y que se intensifica de manera progresiva; una inmigración significativa y creciente que permite que la población siga creciendo por el momento, ya que a medio plazo no conseguirá la pérdida de población. El invierno demográfico europeo tiene mala solución. Una política familiar adecuada a nivel de toda la Unión permitiría mejorar unas décimas la natalidad, pero lo que sería un suicidio demográfico es no favorecer una inmigración que desde un punto de vista poblacional y económico es un salvavidas para la precaria situación de los 27. Lo que necesita la Unión es una buena política migratoria que regule todos los asuntos relacionados con la llegada de extranjeros a su territorio.

22. ¿POR QUÉ LOS CHINOS TIENEN TAN POCOS HIJOS?

El país más grande del mundo tiene una natalidad muy baja, y así lleva décadas. Como los chinos no aceptan (apenas) inmigrantes, las inexorables matemáticas dictan un descenso y un envejecimiento rápido de la población, una fuerza laboral menguante y una sociedad cada vez más dependiente. China está volviéndose como Japón. La única diferencia es que Japón llegó a ser rico antes de ser viejo. China no tendrá tanta suerte.
Bricker, D. e Ibbitson, J. *El planeta vacío* (2019).

Una larga etapa de control

China ha sido, al menos durante los últimos 25 siglos, un coloso demográfico que ha reunido entre una quinta y una cuarta parte de la población mundial. Pero un coloso con una debilidad interna grande que va a hacer difícil la solución de algunos desafíos a los que se debe enfrentar, prioritariamente su baja fecundidad y natalidad y su creciente envejecimiento.

China empieza tarde su transición poblacional. Solo comenzaría en los inicios del siglo XX, cuando la población era de 415 millones, la cuarta parte de la humanidad. Y únicamente logra velocidad de crucero cuando se establece la paz interna tras el final de las guerras civiles, que supone la llegada del comunismo en 1949. En ese tiempo, la fecundidad media estaba por encima de los 6 hijos por mujer y la mortalidad evolucionaba hacia la baja desde un valor de 22 por mil en 1949 a 18 por mil en 1956. El crecimiento natural se elevó de manera progresiva y pasó de 10-11 millones en 1950 a 13-14 millones en 1956, cuando la población alcanzó los 582 millones de habitantes. En ese año se produce un cambio en la política demográfica gubernamental.

La primera campaña para reducir los nacimientos se inició en 1956 con una medida *light* como fue la recomendación del matrimonio tardío. Pero el plan duró poco ya que el periodo del «Gran Salto Adelante», que se inicia en 1958, entrañó una crisis de alimentos que provocó un grave deterioro demográfico. En los años posteriores (1959-61), marcados por el hambre (ocultado por el régimen), aumentó la mortalidad y se redujeron la fecundidad y la natalidad. La población se estancó e incluso decreció en algunas provincias.

Como suele ocurrir tras una crisis de esta naturaleza, la natalidad se recuperó, lo cual produjo una cierta inquietud entre las autoridades, que en 1962 definieron las premisas de una política demográfica bastante coercitiva. Pero estos proyectos volvieron a interrumpirse cuando se puso en marcha la «Revolución cultural» en 1966. El relanzamiento de la política de control de los nacimientos lo llevó a cabo el primer ministro Zhou Enlai en 1971 y estuvo basado en tres grandes medidas: el establecimiento de cuotas de nacimientos hasta en las unidades de base encargadas de designar a las mujeres autorizadas a engendrar un hijo; la definición de reglas para regular la maternidad, entre las que se incluyeron la elevación de la edad legal para casarse, el número de niños que se podían tener, el aborto obligatorio en caso de embarazo no autorizado y el intervalo mínimo entre nacimientos sucesivos; y la conversión de la planificación de los nacimientos en una tarea política que correspondía al Estado y que era obligatorio observar. No hacerlo suponía una actitud contrarrevolucionaria.

La natalidad bajó, en efecto, en los años que siguieron, pero no lo suficiente en opinión de las autoridades chinas, que en 1978 adoptaron nuevas medidas más radicales que suponían la adopción de la política llamada del hijo único. La limitación de los nacimientos se convirtió en una obligación legal de los esposos y se aplicó de manera metódica a través de controles ginecológicos periódicos y obligatorios. Se llevaron a cabo campañas de esterilización y se obligó a abortar a las madres con embarazo no planificado. El cumplimiento de las normas era premiado por las autoridades, y su inobservancia, sancionada. Ser madre necesitaba una autorización del Gobierno.

Las políticas chinas de control de los nacimientos se inscriben entre las más agresivas de cuantas se han llevado a cabo en el mundo. Su lema ha sido siempre el *wan, xi, shao,* es decir, matrimonios tardíos, intervalos largos entre nacimientos y pocos hijos, en realidad solo uno desde 1978. El balance de esa política fueron los 300 millones de abortos practicados, los 108 millones de mujeres esterilizadas y los 13 millones de niños que nacieron al margen de la ley.

Los cambios recientes están siendo poco eficaces

La caída en picado de la fecundidad muy por debajo de 2,1 hijos por mujer hizo que, en noviembre de 2013, el Partido Comunista suavizase las medidas. Las parejas en las que al menos uno de sus miembros fuera hijo único podían tener un segundo descendiente, pero no fue hasta 2015 cuando el Comité Central del Partido Comunista rescindió la norma del hijo único y anunció que todas las parejas podían tener dos hijos a partir del 1 de enero de 2016. Posteriormente, en 2021 se amplió a tres si así lo querían los progenitores. Para ello se establecieron medidas de apoyo a las familias, que incluyen desgravaciones fiscales, facilidades de acceso a la vivienda para las parejas jóvenes o servicios de guardería en condiciones ventajosas. También se invoca el patriotismo de las mujeres pidiéndoles que sean «buenas esposas y madres».

Pero las medidas no han dado los resultados deseados. En 2019 nacieron 14,6 millones de niños y 2021 cerró con 10,6 millones. La recaída reciente de los nacimientos hizo que 17 departamentos establecieran otras medidas entre las que se incluyen asistencia sanitaria pre- y postparto, aumentos del periodo de baja maternal, protección de los derechos laborales de la mujer y nuevas ayudas para la vivienda o para sufragar los costes de la educación. Pero sigue sin haber una recuperación efectiva de la natalidad. En 2023 hubo tan solo 9,02 millones de alumbramientos, menos que las defunciones (11,1 millones), lo cual provocó un crecimiento natural negativo. China parece haber entrado en recesión.

¿Qué está pasando? ¿Por qué China tiene hoy una de las tasas de fecundidad más bajas del mundo (1,1 hijos por mujer)?

Para empezar, es preciso tener en cuenta que no existe un contexto demográfico favorable, fruto de la evolución pasada. Hay pocos jóvenes entre 20 y 35 años debido a los nacimientos reducidos de la etapa 1985-2000, cuando regía la política del hijo único. Y particularmente hay pocas mujeres en edad reproductiva, ya que las parejas, si solo podían tener un descendiente (al menos oficialmente), preferían un varón. El aborto selectivo fue una práctica habitual durante ese largo periodo. Las mujeres en edad de procrear (15-49 años) cayeron de 379 millones en 2010 a 332 millones en 2022, lo cual redujo los matrimonios y los nacimientos. A estos factores de índole demográfica hay que añadir las reticencias de los jóvenes a tener hijos o más de uno: un informe reciente realizado a estudiantes universitarios pone de manifiesto que cerca del 60 % dice no querer tener descendientes o, a lo sumo, solo uno; por alumbrar tres, que ahora está permitido y recomendado, solo se inclinan el 2,8 % de los varones y el 1,6 % de las mujeres; el resto muestra su preferencia por dos. Además, *predilección* no significa la realización de ese deseo; con frecuencia, los hijos habidos están por debajo de los anhelados, como así sucede en el caso de España.

Los argumentos manejados por esos jóvenes no difieren apenas de los utilizados en otros contextos. El más importante (43 %) es el temor a no poder conciliar vida laboral o familiar. Le siguen otros motivos como las dificultades para sufragar los gastos asociados a la paternidad o el temor de las madres a que surjan complicaciones sanitarias durante el embarazo o el parto. También manifiestan una cierta preocupación por la salud de los bebés.

Conclusiones

Así pues, China refleja un panorama en el ámbito de la reproducción definido por una escasez de población joven, un descenso de la nupcialidad y una caída del número de mujeres en edad de procrear.

La preferencia por el varón y el aborto selectivo en detrimento de las mujeres son responsables principales de esa situación. Los mimbres para una natalidad mejor no son buenos, pero es que, además, muchas parejas jóvenes se inclinan por no tener hijos o tener muy pocos. Los intentos recientes del Gobierno por revertir esa tendencia no están dando resultados. Parece un tanto paradójico que un país con más de 1400 millones de seres tenga un futuro demográfico tan comprometido, pero así es.

China ya no es el primer Estado del mundo por el tamaño de su censo, posición que ocupa ahora la India; ya está perdiendo habitantes y va a envejecer con intensidad. Su caso prueba además lo difícil que es revertir una situación caracterizada por un tamaño familiar tan reducido. Las parejas se han acostumbrado a ese estado de cosas y, pese a las medidas establecidas para una natalidad mejor, mantienen, incluso acentuado, un comportamiento malthusiano.

El caso chino debe hacernos reflexionar sobre las consecuencias que conlleva una política de control tan rígida, que va a comprometer su futuro no solo demográfico, sino económico y social.

23. ¿POR QUÉ LA INDIA HA SUPERADO A CHINA COMO PRIMERA POTENCIA DEMOGRÁFICA?

En 2023 se estima que India ha superado a China como país más poblado de la Tierra. Desde los años 70 la población India ha crecido a un ritmo inferior al del país vecino, que en 2022 perdió población por primera vez en décadas y se encuentra sumergido en una fuerte crisis demográfica ante el imparable envejecimiento de su población.

Este nuevo escenario demográfico plantea preguntas importantes sobre el futuro de ambas naciones y su posición en el ámbito global. Mientras India emerge como una nueva superpotencia, China enfrenta desafíos relacionados con el envejecimiento y la necesidad de impulsar su economía para mantener su estatus como potencia mundial.

Gil, A. (2023). El «sorpasso» demográfico de India a China. *El Orden Mundial.*

Los factores de la divergencia

Apenas 17 millones separan en 2023 la población de la India de la de China, un valor absoluto pequeño en dos censos que superan los 1400 millones y que juntos representan el 35 % de los habitantes de la Tierra. Lo importante no es la diferencia, sino el hecho de que China, tras una larguísima historia de liderazgo demográfico, lo haya perdido a manos de su vecino.

¿Cómo se explica este suceso? Sin duda, la causa más importante ha sido la distinta evolución de la fecundidad, traducida en un volumen de nacimientos bastante desigual. China y la India presentan algunas coincidencias en la evolución de su natalidad, pero también diferencias significativas que singularizan cada modelo demográfico.

Todavía en 1971, los dos países tenían una fecundidad de 6 hijos por mujer. Ambos colosos habían iniciado en los años 50 campañas para reducir los nacimientos, pero no es hasta la década de los 70 cuando adoptan las medidas más duras. La política china de pocos hijos, más espaciados y más tardíos culmina en 1978 con la medida del hijo único, que estuvo vigente hasta 2013 (capítulo 22). En la India, el programa de control se inicia durante el primer plan quinquenal (1951-55), pero los años más severos comienzan en 1975, cuando la primera ministra Indira Gandhi suspende los derechos civiles ante los graves problemas económicos por los que atravesaba el país; en abril de 1976 fue anunciada una política de población que contenía 16 medidas concretas, algunas realmente expeditivas.

Años atrás ya se habían cometido excesos escalofriantes, como la vasectomía en serie practicada en los campos de esterilización a los miles de «voluntarios» a cambio de una compensación en especie o una pequeña suma de dinero. El desastre de los campos de Gorakhpur y de Uttar Pradesh, en donde la falta de asepsia produjo numerosas defunciones, redujo la práctica, que de nuevo se reinició en los años de la emergencia económica. La edad legal para contraer matrimonio se elevó y aumentaron los pagos a los que aceptaban someterse a la esterilización. Los funcionarios federales con tres hijos fueron amenazados con la pérdida de ciertas ventajas (vivienda, préstamos) si no se esterilizaban y un chantaje parecido se ejerció sobre las familias pobres, a las que se retiraba la asistencia alimenticia o médica si el cabeza de familia rehusaba la vasectomía.

Durante 1976 fueron esterilizadas seis millones de personas. La propia Indira Gandhi reconoció que, durante el periodo de emergencia, se habían vuelto a cometer excesos, lo cual contribuyó a que su partido perdiera las elecciones de 1977. El nuevo Gobierno llevó a cabo una política de planificación familiar más suave. La vuelta de la señora Gandhi al poder la intensificó de nuevo, pero en un tono de mayor moderación que se mantuvo después en los distintos Gobiernos que se sucedieron

China y la India coinciden, por lo tanto, en haber protagonizado dos de las políticas de control más férreas de cuantas han existido. Una desarrollada en un país sin libertades públicas en el que la población «cumplió» mejor las disposiciones adoptadas; y otra de régimen democrático en la que cualquier política de control se enfrenta a una mayor capacidad de decisión por parte de los afectados. No en vano la fuerte coerción ejercida por las medidas de la señora Gandhi acabó con ella, aunque luego pudiera volver, pero con la lección aprendida. Además hay que tener en cuenta las serias dificultades que tiene la aplicación de una política dura en un país que, como la India, mantiene todavía serios problemas estructurales, entre ellos un elevado analfabetismo y una mortalidad infantil todavía alta (28 por mil), a lo que se une la voluntad de engendrar hijos que aseguren la vejez de los padres.

Estas diferencias explican la distinta velocidad con la que ha disminuido la tasa de fecundidad: más rápida en China y más gradual en la India. Hoy China tiene uno de los índices más bajos del mundo con 1,1 hijos por mujer, más o menos la tasa española. La India, sin embargo, aunque ha experimentado una disminución muy fuerte, presenta una tasa de 2 hijos por mujer, ligeramente por debajo del umbral de renovación de las generaciones, pero significativamente más elevada que la de China. En cifras absolutas, a los 9,02 millones de nacimientos de China se oponen los 12,9 millones de la India (2023).

¿Qué consecuencias se observan?

La primera y, sin duda alguna, la más importante es la diferente estructura por edades de los dos países. En 1970 ambos tenían una población muy joven: las personas con menos de 25 años formaban el grupo de mayores efectivos, con un 60 % del total de la población; en cambio, los mayores de 65 años reunían menos del 4 %. El rápido descenso de la fecundidad china ha propiciado que, en 2023, los adultos entre 25 y 64 años sean el doble que los menores de 25. Esta situación ha incrementado la proporción de personas en edad de trabajar y favorecido la aceleración del crecimiento económico; las proyecciones indican que el porcentaje de adultos entre 25 y 64 años alcanzará su máximo en los próximos años, finalizando esa ventana de oportunidad propiciada por los cambios en la estructura por edades. La situación es distinta en la India: la población de 25 a 64 años supera ya a la de menos de 25 en un 20 % aproximadamente; lo importante es que el número de adultos en edad laboral va a continuar creciendo hasta mediados de siglo, asegurando la persistencia de ese dividendo demográfico y la contribución positiva del cambio poblacional al crecimiento económico. Claro está que los potenciales beneficios de la favorable situación demográfica van a depender de las inversiones en la educación de los jóvenes y de las oportunidades de empleo que se les puedan ofrecer, muy especialmente a las mujeres.

Una consecuencia más de la distinta evolución de la fecundidad es la diferencia en la proporción de personas de 65 años y más que existe entre los dos países. En China es del 15 %, mientras que en la India de tan solo del 7 %. Estas diferencias se van a mantener en 2050: entonces China tendrá un porcentaje de mayores de 65 años del 30 % y la India de poco más de la mitad. China tendrá que enfrentarse a los problemas de su fuerte envejecimiento y al desequilibrio entre su población activa y dependiente. La India presentará un desajuste menor entre su población en edad de trabajar y la que haya dejado de hacerlo y habrá dispuesto de un tiempo razonable para crear el marco adecuado para atender a su población mayor.

Las políticas restrictivas de la natalidad se han traducido en los dos países en un desequilibrio en la composición por sexos. En ambos ha existido tradicionalmente una preferencia por los hijos varones, lo cual se ha traducido en una desproporción fuerte en los nacimientos de niños y niñas en periodos de fuerte control. El instrumento utilizado ha sido el aborto selectivo, una práctica declarada ilegal en las dos naciones, pero que ha seguido practicándose. En 2023, entre las personas menores de 25 años había 116 varones por cada 100 mujeres en China y 110 hombres por cada 100 féminas en la India. Tales desproporciones plantean la dificultad para muchos varones de encontrar esposa, entorpecen la formación de familias y complican la atención de los mayores en sociedades donde su cuidado depende en buena parte de sus hijos y de sus nueras. Una vez más, la situación es algo peor en China que en la india, pero los dos países no pueden descuidar la implementación de políticas que ofrezcan la protección social que van a demandar sus mayores.

Conclusiones

China y la India han establecido muy pronto medidas de control de los nacimientos, en ambos casos las políticas más coercitivas de cuantas se han implantado en el mundo. Los métodos han sido muy semejantes pero su aplicación práctica ha resultado diferente.

En China, la política más dura (el hijo único) ha durado más y el cumplimiento de las normas ha resultado más efectivo. En la India, a excepción de en la etapa de Indira Gandhi, las acciones han sido menos agresivas y su grado de cumplimiento menor, en un contexto demográfico en que su aplicabilidad encuentra más dificultades. Como consecuencia de ello, la India ha crecido más que China hasta desplazarla del primer puesto del *ranking* mundial de los países más poblados.

En las dos naciones, las consecuencias de la caída de la fecundidad se han traducido en cambios en la estructura por edades de la población, pero, en el proceso de envejecimiento compartido, la India resiste mejor que China. Igualmente se ha producido un desequilibrio en la composición por sexos ante la preferencia por los nacimientos masculinos, pero también la India tiene una situación algo mejor que China. Los dos países siguen una trayectoria semejante, pero, hoy por hoy, la mala demografía china amenaza su condición de gran potencia mundial, mientras que la India refuerza su papel de nueva superpotencia.

24. ¿SIGUE VIVO EL SUEÑO AMERICANO?

Los EE. UU. continúan siendo la nación más potente y más desarrollada del mundo. Son, a la vez, una maravillosa publicidad en favor de las virtudes de la migración y una condena viva de los xenófobos, de los defensores de las razas puras, de los imperialistas culturales y de los blanqueadores étnicos del mundo entero.

Pearce, F. (2011). *L'apocalypse démographique n'aura pas lieu.*

El crisol de Dios

Así definió a EE. UU. el dramaturgo judío ruso Israel Zangwill en su obra teatral *The melting pot*, representada por primera vez en 1909. Un país donde todo es posible, donde se puede comenzar de ascensorista en un banco y llegar a ser presidente de la entidad, o vocear periódicos en la calle y convertirse en magnate de las telecomunicaciones. Es el país de las oportunidades para casi todos, independientemente de sus características personales o sociales. Es el destino ansiado por todo aquel que quiere prosperar. Es la nación de la libertad, de la democracia, de los derechos civiles. Todo esto conforma el *American dream* que promovió la llegada de millones de emigrantes, convirtiendo a la nación en el prototipo por excelencia de un territorio de acogida.

Los EE. UU. han sido el destino principal de la expansión europea ultramarina que expatrió unos 35 millones de personas entre 1820 y 1930. En el periodo 1820-1880, el 95 % de los inmigrantes procedió de los países de Europa septentrional y occidental (*old migration*); fueron prioritariamente británicos y secundariamente escoceses, irlandeses y suecos (con algunas colonias de alemanes y holandeses), los cuales desempeñaron el papel protagonista de la gran colonización americana. A partir de 1880, la vieja inmigración dio lugar a una nueva constituida por personas originarias de Europa meridional y oriental que, a diferencia de los antiguos colonizadores, se asentaron fundamentalmente en las ciudades. Al mismo tiempo que la europea también existía una inmigración de asiáticos.

En la etapa de la *old migration*, las corrientes no estaban sometidas a ninguna restricción especial, salvo las impuestas a los chinos (1882) y japoneses (1907). Tras la guerra civil, los protestantes blancos dieron la voz de alarma sobre «el peligro amarillo», sobre la existencia de una considerable masa humana distinta no solo por el color de la piel, sino por sus costumbres y modos de vida. La Ley de Exclusión de los Chinos prohibió la inmigración desde ese país y, a los ya residentes, la nacionalización y el matrimonio con mujeres blancas. La prohibición se extendió en 1917 a la casi totalidad de los Estados asiáticos y de las islas del Pacífico mediante el establecimiento de la «Asiatic Barred Zone».

A partir de la llegada masiva de inmigrantes del sur y este de Europa, estos nuevos europeos comenzaron a ser mal vistos ya que no hablaban la misma lengua, no practicaban la misma religión y vivían de manera diferente. Además se esgrimió el temor de que sus trabajadores pudieran provocar desajustes en el mercado laboral al aceptar salarios bajos. Los años 20 se inauguran con las «leyes de *quotas*», un periodo en el que se establece la nacionalidad como criterio básico de selección de los inmigrantes: la ley de 1921 reducía la inmigración anual al 3 % de los extranjeros de cada nacionalidad residentes en los EE. UU. según el censo de 1910; la de 1924 bajó a un 2 % la *quota* y adoptó como referencia para cuantificarla el censo de 1890, cuando la proporción de inmigrantes del sur y este de Europa era más reducida; por fin, la ley de 1927 estableció una *quota* fija de 150 000 inmigrantes al año, de los cuales un 43 % debían ser ingleses, el 14 % alemanes y el 11 % irlandeses, dejando una proporción pequeña para el resto de los países.

La Inmigration Act de 1965 elimina los contingentes por países e inaugura una nueva etapa en la que los criterios para la entrada tienen más que ver con la reagrupación familiar y las necesidades laborales, con una política muy clara de atracción de mano de obra especializada. Los europeos fueron perdiendo presencia y la ganaron los inmigrantes asiáticos, latinoamericanos y africanos.

¿Cuántos y quienes son los inmigrantes actuales?

En 2022 había 46 millones de nacidos fuera viviendo en los EE. UU., casi un 14 % de la población total del país. Es la cifra absoluta más elevada, pero no la relativa, ya que a comienzos del siglo XX llegó a ser del 16 %. De los 46 millones de residentes nacidos fuera, la mitad son de América Latina (especialmente de Méjico), un 31 % de Asia, un 10 % de Europa y un 6 % de África.

Alrededor de 36,5 millones se han naturalizado como ciudadanos de los EE. UU. De los residentes no ciudadanos, aproximadamente la mitad (12,9 millones) son permanentes y legales (titulares de una tarjeta verde). No es posible saber con exactitud el volumen de inmigrantes ilegales, pero se estima que en 2022 los «no autorizados» eran entre 10,3 y 11,4 millones. De ellos se calcula que aproximadamente la mitad pasaron a la ilegalidad al expirar la vigencia de su visa. En la actualidad (cuadro 6) entran en el país algo más de un millón de personas.

C.6. Inmigrantes legales según el tipo de admisión (año fiscal 2022)

Familiares directos de ciudadanos americanos	428 268
Otros miembros de la familia	428 268
Motivos laborales	270 284
Diversidad	43 233
Refugiados y asilados	83 082
Otros	27 441
Total	1 018 349

Fuente: Population Reference Bureau (2024)

El grupo más numeroso es el de los familiares directos de ciudadanos americanos, que incluye a esposas, padres o hijos pequeños. Estas personas no están sujetas a ningún límite, por lo que el número legal de inmigrantes no está fijado.

El de otros miembros de la familia incluye a los parientes directos con los residentes legales (no ciudadanos) y otros parientes de ciudadanos o residentes legales, como hermanos o sobrinos.

El segundo gran grupo de inmigrantes legales es el que llega por razones laborales. Las visas de diversidad, concedidas por sorteo, se otorgan a profesionales cualificados de territorios que no han tenido visas de residencia permanente en años recientes.

Los refugiados y asilados admitidos cada año son aprobados por el Congreso tras una propuesta planteada por el presidente. En 2022, la cifra propuesta fue de 125 000, aunque solo se aprobaron 83 000 debido a los complejos procesos administrativos en juego. Vinieron, sobre todo, del Congo, Siria, Birmania, Sudán y Afganistán.

El debate sobre la inmigración

Pese a la discusión, a veces agria, sobre la política migratoria, los estadounidenses siguen manifestando una actitud favorable hacia la inmigración. Según una encuesta del Centro de Investigación Pew (2016), el 60 % de los ciudadanos se mostraba de acuerdo con la afirmación de que los inmigrantes fortalecen su país «gracias a su esfuerzo y su talento», mientras que únicamente el 35 % los consideraba «una carga»: «... nos quitan el empleo, la vivienda y la asistencia médica». En esas opiniones hay una clara línea divisoria política y generacional.

Mientras 8 de cada 10 demócratas son favorables a la inmigración, solo una tercera parte de los republicanos lo son. Y mientras ¾ partes de los *millenials* se muestran partidarios, solo opinan igual la mitad de los *boomers*. Y esos juicios, con alguna diferencia de intensidad, se expresan tanto para la inmigración legal como para la irregular. No obstante, a lo largo de la historia americana ha discurrido una actitud de intolerancia, nativista y populista. Sus argumentos siempre han sido los mismos: los inmigrantes no son como los viejos pobladores británicos o sus descendientes; no practican la religión protestante ni respetan los valores fundacionales de Norteamérica; quitan puestos de trabajo a los autóctonos, tensionan los servicios públicos y no se integran nunca. Argumentos siempre parecidos, pero destinatarios diferentes según las épocas: orientales, europeos del sur y del este, judíos y, ahora, latinoamericanos. En la actualidad, muchos estadounidenses, sea de forma indirecta mediante publicaciones anónimas en Internet o directa mediante su participación política, se quejan de que EE. UU. está perdiendo su identidad como nación blanca y cristiana, por lo que dieron su apoyo a Trump en las elecciones de 2016 y apoyan su intención de construir un muro en la frontera con Méjico para impedir la entrada de ilegales. El blanco prioritario del rechazo son los inmigrantes latinoamericanos, no solo los mejicanos, sino los procedentes de otros países de América Central y del Sur que pretenden entrar a través de la frontera mejicana. El adalid intelectual de la oposición a esa inmigración fue Samuel Huntington, quien alentó el temor de una «latinoamericanización» de la sociedad estadounidense similar a lo que él definía como una islamización de la cultura europea.

No obstante, la historia enseña que las fuerzas que se oponen a la inmigración rara vez se mantienen durante largo tiempo. Como dicen Darrell Bricker y John Ibbitson (2019), Estados Unidos es una nación de inmigrantes a pesar de sí misma. Y es que necesita a esas personas. La demografía estadounidense está mejor que la europea, ya que su tasa de fecundidad está en 1,7 hijos por mujer y su nivel de envejecimiento en un 17 %, lo cual es debido en parte a la inmigración. Pero, además de actuar como soporte demográfico, los inmigrantes constituyen una pieza clave del mercado laboral y por ende de la economía: atraen personas de baja cualificación, pero también profesionales especializados que alcanzan, a veces, gran notoriedad internacional. En una fecha reciente (2016) ganaron un premio Nobel siete norteamericanos de los cuales todos eran inmigrantes, incluido el cantautor Bob Dylan.

Conclusiones

Respondiendo a la pregunta inicial del capítulo, Estados Unidos sigue siendo el sueño vivo para más de un millón de inmigrantes legales y es posible que para otros tantos ilegales. que entran al país cada año o, ya dentro de él, adquieren esa condición al vencer la vigencia de sus visas. El país continúa ostentando la condición de territorio de acogida de una inmigración cada vez más diversa que autoriza a considerarlo como el primer «Estado-mundo».

Barack Obama ejemplifica el mandatario que proclama el deseo de «mantener vivo el sueño americano»; así lo ha manifestado él mismo en diferentes ocasiones. Donald Trump, el presidente que intenta convertir ese sueño en una pesadilla para miles de personas que pretenden entrar en el país. La política americana de inmigración es más o menos permisiva en función de quien esté en el poder y, por supuesto, de cómo sea la coyuntura económica, pero a los periodos de mayores restricciones suelen suceder etapas más benignas con más entradas e incluso con la legalización de los no autorizados.

Una demografía mejor y una apuesta más decidida por la inmigración constituyen claras ventajas competitivas de los EE. UU. frente a sus grandes rivales, en especial China y Rusia. Es posible que la caída generalizada de la natalidad y la pérdida de población joven en todo el mundo ralenticen las migraciones del futuro y susciten una dura competencia por la atracción de inmigrantes, muy particularmente por los de mayor capacitación. En una posible situación de esta naturaleza, siempre se impondrán la experiencia y las ventajas que ofrece Estados Unidos. El sueño americano no parece que vaya a terminar pronto.

25. ¿POR QUÉ JAPÓN ES EL PAÍS MÁS ENVEJECIDO DEL MUNDO?

El país del sol naciente se ha transformado en un tiempo récord en el país del sol poniente. En 2005, el Japón se convierte en la nación más vieja del mundo con una edad media de 43 años, el doble de la que tenía en 1950. Un japonés de cada 10 tiene más de 75 años. Los hombres pueden esperar vivir 79 años y las mujeres 86. Y cuando alcanzan la tercera edad lo hacen con buena salud, pese a que toman menos medicamentos que cualquier otro país rico. Al mismo tiempo la caída de la tasa de fecundidad comienza a reducir el número de activos. En el transcurso del último decenio, el volumen de trabajadores japoneses de menos de 30 años ha descendido en un 25 %. De aquí a mediados de siglo, la población de más de 80 años, será probablemente superior a la de menos de 15 y el Japón contará con más de medio millón de centenarios, de los que el 90 % serán mujeres. El país lidera el proceso que está conduciendo al mundo hacia la era de los séniors.

Pearce, F. (2010) *Peoplequake: mass migration, ageing nations and the coming population crash.*

He querido conservar el texto de hace casi 15 años y comprobar si los datos actuales confirman la continuación del proceso. Y así es. En 2023 la edad media es de 48,6 años, la mayor del mundo, y la mediana de 49,90. Las esperanzas son más elevadas y todo parece indicar que las previsiones para el 2050 se van a cumplir.

Decir Japón es decir, demográficamente hablando, país muy envejecido. Ese es su rasgo esencial, que eclipsa cualquier otro y que le va a plantear profundos desafíos económicos y sociales. Se trata de un envejecimiento «total», es decir, por la base y por la parte alta de la pirámide de edades, debido a la caída de la natalidad y al fuerte crecimiento de la longevidad. El problema de Japón, a diferencia de otros territorios intensamente envejecidos, es la pequeñez de su inmigración, que no permite compensar el desfavorable balance natural.

El envejecimiento por la caída de la natalidad

Al terminar la Segunda Guerra Mundial, Japón experimenta el crecimiento vegetativo más fuerte debido al descenso de la mortalidad y a la juventud de su población. La fecundidad era alta, pero estaba disminuyendo desde 5,3 hijos por mujer en 1920 a 4 a comienzos de 1950. Hubo una recuperación postbélica en los años 1947-48, pero fue efímera comparada con la duración que tuvo el *baby boom* en otros contextos. Las razones de esa reducida duración fueron (Dumont, G. F., 2023): la pretensión de los ocupantes americanos de evitar una renovada presión demográfica que podría causar, como había originado la anterior, una nueva fase expansionista; la inquietud que provocó la elevada natalidad de 1947 aunque fuese simplemente el habitual fenómeno de recuperación tras una guerra; la vuelta a la metrópoli de varios millones de japoneses procedentes de los territorios anteriormente invadidos, que alentó el temor de una superpoblación.

Japón inicia así una política demográfica de reducción de la natalidad a la que se une una ley de protección eugenésica nacional cuyo objetivo es impedir el nacimiento de niños con alguna discapacidad y «proteger» la vida de las madres. La ley obligó a la esterilización de personas con determinados hándicaps y favoreció el aborto sin restricciones. La norma estuvo en vigor durante 48 años hasta que fue declarada inconstitucional en 1996. Según un informe parlamentario reciente, el balance de ese periodo fue de 16 500 personas (especialmente mujeres) esterilizadas sin su consentimiento más otras 8000 que dieron su autorización; en cuanto a los abortos oficialmente registrados, sobrepasaron el millón de 1953 a 1961, con una tasa superior al 70 % en relación con los nacimientos. Pese a su magnitud, la cifra es considerada conservadora por muchos analistas dado el fortísimo volumen de los abortos no declarados.

Como consecuencia de esta legislación, la fecundidad cayó de 3,7 hijos por mujer en 1950 a 2,04 en 1957. En 1974 descendió por debajo del nivel de reemplazamiento y en 2023 se situó en 1,3 hijos por mujer. En cifras absolutas, el número de nacimientos, que fue en 1973 algo superior a los dos millones, cayó a menos de 800 000 en 2023. Los principales factores de este descenso fueron la disminución de mujeres casadas y el consiguiente aumento de solteras y la elevación de la edad a la que se alumbra el primer hijo. La desafección de las japonesas por el matrimonio se relaciona con la mejora de sus niveles educativos y su incorporación al mercado de trabajo, en el que se ganan bien la vida. Bajo estas condiciones, o no desean ponerse «al servicio» de un marido o tienen dificultad para encontrar al que les conviene, que debe poseer una adecuada posición social y unos ingresos suficientes. Los propios varones renuncian al matrimonio ante la dificultad de encontrar esposa si su situación laboral no es estable o si su opción es casarse con una mujer más educada sobre la que no pueden ejercer su dominio.

Este alejamiento de los jóvenes japoneses respecto al matrimonio ha dado lugar a la aparición de los llamados «célibes parásitos». Se trata de jóvenes adultos que permanecen largo tiempo en casa de sus padres pero con una saludable posición económica. El término fue inventado por el sociólogo Masahiro Yamada en 2011 para describir a personas consumidoras de bienes superfluos (restaurantes, viajes, productos de lujo) que no desean contraer una relación estable y no realizan adquisiciones de largo plazo (casas, equipamientos, etc.). A ellos se atribuye en buena parte la caída de los nacimientos y a esta el retroceso de la población a partir de 2005.

El país más longevo del mundo

En 2023 los hombres podían esperar vivir 81 años y las mujeres 87. Son uno de los mejores registros a escala internacional, especialmente en el caso de las mujeres. Lo explican, ante todo, los factores sanitarios: un sistema de calidad, un acceso casi universal a precios asequibles, un personal suficiente y socialmente valorado, o la existencia de políticas eficaces de prevención.

La longevidad se relaciona igualmente con todos aquellos factores que propician la existencia de las «zonas azules» (capítulo 15), de manera especial con una alimentación predominantemente sana y equilibrada en la que abundan el pescado, el arroz o las legumbres y escasean las grasas saturadas y los azúcares. Comen sano y comen poco. El *hara hachi bu* confuciano, esa forma de alimentarse sin saciarse, reduce el aporte calórico y hace muy infrecuentes el sobrepeso y la obesidad. Sobre todo, cuando se combina con una vida activa física y mental: esa gimnasia matinal al aire libre practicada por miles de japoneses, sobre todo de cierta edad, se ha convertido en el reflejo de un comportamiento colectivo saludable. Todo se combina con un estilo de vida en el que las relaciones sociales adquieren carta de naturaleza. Relaciones con la familia, con grupos de amigos o con comunidades de creyentes.

Conclusiones

Japón es una de las sociedades más envejecidas del mundo debido al doble efecto combinado de una acusada caída de la natalidad (envejecimiento por la base) y de una creciente longevidad (envejecimiento por la parte alta, en ambos casos de su pirámide de edades). Los dos datos básicos de ese proceso son su tasa de fecundidad de 1,3 hijos por mujer y su porcentaje de población de 65 años y más, que, con un 29 %, es la más alta del mundo. Tienen un saldo migratorio positivo pero pequeño, que no permite compensar el balance natural negativo. Por ello, la población japonesa está perdiendo habitantes desde comienzos de este siglo. Y va a seguir haciéndolo en el futuro hasta el punto de que algunos científicos han calculado cuándo llegaría a desaparecer. Eso probablemente no sucederá, pero lo que va a resultar inevitable es la reducción cuantiosa del número de japoneses.

26. ¿UNA EUROPA MUSULMANA?

La verdad es que hacia 2050 los europeos musulmanes no llegarán al 10 % de la población del continente, ni mucho menos suficiente para crear (esa hipotética) Eurabia o (ese presumible) Londonistán . Además, lo más probable es que la cifra sea muy inferior, pues las tasas de fecundidad de los países de origen están bajando y con el paso del tiempo la fecundidad musulmana es cada vez más parecida a la de la mayoría de la población en los respectivos países europeos. Un estudio del Centro de investigaciones Pew predice que, en torno a 2030, la tasa de fecundidad entre los musulmanes de Europa se habrá reducido hasta 2,0, por debajo del nivel de reemplazo y menos de medio bebé por encima de la tasa de 1,6 de los no musulmanes.

Bricker, D. e Ibbitson, J. *El planeta vacío* (2019).

El 7 de enero de 2015, el polémico escritor francés Michel Houellebecq publicó *Sumisión*, una novela ambientada en la Francia de 2022 en la que un carismático líder de un ficticio partido político gana las elecciones para hacer de la nación gala una república musulmana y convertirla en el eje de una nueva Europa islámica. El tema no era nuevo. En 2007, Bruce Bawer había publicado *Mientras Europa duerme: de cómo el islamismo radical está destruyendo Occidente por dentro*, y en 2009 Mark Steyn editó *Lights out: Islam, free speech and the twilight of the West* (*Luces apagadas: el islam, la libertad de expresión y el crepúsculo de Occidente*). Todas estas obras fueron creando un caldo de cultivo en el que se iba cociendo a fuego lento el temor a una hipotética islamización europea.

Una simple ojeada a los titulares de algunos periódicos nos permite comprobar el alcance de este miedo, con frases como «Europa será musulmana en tres décadas si nadie lo para» o «A Europa no le faltan muchas generaciones para convertirse en un continente con un porcentaje muy alto de población musulmana, quizás hasta llegar al 51 %. Una supremacía que lograría gracias sobre todo a la inmigración y al vientre de nuestras mujeres, que nos dará la victoria».

¿Qué hay de cierto en estas afirmaciones más allá de la alarma que provocan?

Lo que dice la demografía

Las proyecciones del Pew Research Center (2011) pronostican que, entre los años 2010 y 2030, el crecimiento de la población musulmana será superior a la media mundial, pasando de 1600 millones en el primer año a 2200 en el segundo. Esto significa añadir un 3 % más de seguidores del Profeta a la población del mundo, que representaría algo más de una cuarta parte del total (26,4 %). Pero este crecimiento, como ocurre a nivel mundial, ha empezado a perder intensidad. La tasa de incremento anual fue del 2,2 % entre 1990 y 2010 y será del 1,5 % de 2010 a 2030. Así pues, no es cierto que, en un mundo con una desaceleración generalizada del crecimiento demográfico, la población musulmana constituya una excepción y mantenga los fuertes niveles anteriores. También en sus países se ha iniciado un descenso aunque mantenga tasas por encima de las que tienen las poblaciones no musulmanas. En los diez países con mayor número de musulmanes (Indonesia, Pakistán, India, Bangladés, Egipto, Nigeria, Irán, Turquía, Argelia y Marruecos), los valores de fecundidad pasaron de 6-7 hijos por mujer en los años 50 a índices que, salvo en Nigeria (5,1 hijos por mujer) y Pakistán (3,4 hijos por mujer), están por debajo de 3 en 2023. Las cifras son especialmente bajas en casos como los de Irán, Turquía o Marruecos, países estos dos últimos que expiden emigrantes en proporciones importantes a los Estados europeos.

En cuanto a la estructura por edades, la población musulmana sigue siendo comparativamente joven, pero menos que en el pasado cercano. A finales de los 90, dos tercios de los habitantes en los países donde eran mayoría tenían menos de 30 años. Hoy ese valor se ha reducido a menos del 60 % y en 2030 será del 50 %. Como consecuencia ha crecido la población adulta y la de mayores. Se puede decir que estos países se han incorporado al proceso general de envejecimiento de la población mundial.

Irán, Turquía, Marruecos

Irán cuenta con una población mayoritariamente musulmana de confesión chiíta, la que practica una interpretación más abierta de los textos islámicos en oposición a los sunitas, considerados como una facción más conservadora y tradicional.

La evolución demográfica iraní se caracteriza por el retroceso significativo de dos importantes variables poblacionales. La primera es la de la mortalidad infantil, que evoluciona desde los 180 fallecidos de menos de un año por cada mil nacidos de 1950 a los 10 que tiene en 2023; esa disminución sin duda ha influido en la fuerte caída de la fecundidad, que pasa de los casi 7 hijos por mujer a comienzos de la Revolución iraní en 1979 a 2,1 en el año 2000 y a 1,7 en 2023. Irán está por debajo del umbral que permite la renovación de las generaciones, lo cual supone cambios muy importantes en los comportamientos. El saldo natural sigue siendo positivo debido al fuerte retroceso de la mortalidad general, pero el intenso descenso de la fecundidad ha provocado una desaceleración del crecimiento real. No va a ser posible alcanzar la cifra de 120 millones que proponía el presidente Ahmadineyad. Según las proyecciones del Population Reference Bureau, la población a mediados de siglo no llegará a los 100 millones, 10 millones más que en 2023, resultado de la combinación de un fenómeno de inercia demográfica y de la elevación de la esperanza de vida, que continúa su trayectoria ascendente. Y es que, como ocurre en otros países islámicos la población, particularmente las mujeres en edad de procrear desoyen las recomendaciones de sus dirigentes y reducen sus tamaños familiares. No resulta fácil de creer, pero la fecundidad iraní es igual a la irlandesa e inferior a la que tiene Francia.

Y una situación parecida experimenta Turquía, en donde a una bajada inicial de la mortalidad le sigue un retroceso inmediato de la fecundidad, que hoy alcanza la cifra de 1,6 hijos por mujer, solo dos décimas superior a la media de la Unión Europea. También aquí se produce un divorcio entre las recomendaciones oficiales y los comportamientos ciudadanos. El presidente Erdogan en repetidas ocasiones ha hecho una llamada a las familias turcas para que tengan, al menos, tres hijos: «Un hijo es un fracaso, dos hijos también. Tres niños no nos permitirán crecer de manera correcta, pero al menos no correremos el peligro de una regresión». Y ha recordado a las mujeres musulmanas que no deben recurrir a la planificación familiar. Turquía, afirma, debe seguir la vía indicada por Dios y su querido profeta. A pesar de estos discursos en pro de una mayor natalidad, la tasa turca ha ido cayendo en picado desde los 50 nacimientos por cada 1000 habitantes a comienzos de los años 50 a 12 en 2023. En consecuencia, el índice de crecimiento natural pasó de 2,8 % en la segunda mitad de los 50 a 0,6 % en 2023.

La evolución de la población marroquí sigue la misma senda que la de Irán o Turquía, aunque la velocidad de su transición está siendo un poco más lenta, particularmente en lo que se refiere al descenso de la mortalidad infantil y al retroceso de la fecundidad. En 2023 la tasa de fallecidos menores de un año por cada 1000 nacidos vivos (18) era todavía alta (en Irán y Turquía, por debajo de 10) y la tasa de fecundidad de 2,1. Este último es un valor más elevado que el iraní o el turco, pero es preciso tener en cuenta que ha evolucionado desde cifras cercanas a los 7 hijos por mujer a mediados del siglo pasado, que ahora está en el nivel justo de la renovación de las generaciones y que va a seguir disminuyendo. Marruecos, con un balance natural mejor que el de los otros dos países, crece con más intensidad que ellos (1,1 % al año), pero ha iniciado también su proceso de desaceleración.

¿Por qué se reduce la intensidad del crecimiento?

Se puede decir que en los países musulmanes han actuado las mismas causas que en otros contextos. Cuatro son las principales.

— El descenso de la mortalidad infantil, que permite conservar la mayoría de los hijos concebidos.

— La mejora de la educación de las mujeres, sin duda uno de los factores que ha jugado un papel más decisivo. En sentido contrario, su nivel más reducido o las dificultades que tienen las féminas para acceder a la formación, incluso la más elemental, repercuten en tasas de fecundidad más elevadas. Es el caso, por ejemplo, de Afganistán, con un índice de 5,4 hijos por mujer.

— El éxodo rural, que concentra la población en las ciudades, en donde la fecundidad es más moderada.

— El uso creciente y generalizado de métodos de control, salvo en algunos países donde todavía es bajo. El porcentaje de mujeres que usan los llamados métodos modernos en Nigeria (40 %) contrasta con el valor que tiene Irán (69 %).

Dos grandes conclusiones se desprenden de los datos. La primera es que los Estados musulmanes crecen con más intensidad y tienen tasas de fecundidad más altas y valores de población joven más fuertes que los no musulmanes. La segunda es que todos estos indicadores han empezado a disminuir. Al bajar la fecundidad, descienden la natalidad, el crecimiento natural y real y el porcentaje de jóvenes. El retroceso del número medio de hijos por mujer ha sido muy fuerte en poco tiempo, lo que ha permitido situar a determinados países musulmanes al mismo nivel que otros europeos o norteamericanos.

¿Y en Europa?

¿Se puede defender la tesis manejada por algunos Gobiernos y partidos políticos xenófobos de que algún día la población europea será básicamente musulmana? La respuesta es que rotundamente no.

A comienzos de la segunda década del siglo, los musulmanes, con 40 millones de personas, representaban el 6 % de la población del Viejo Continente. Esa población crecerá en 2030 hasta los 58 millones, pero eso solo supondrá el 7,7 % de los 750 millones de europeos. El crecimiento será algo más fuerte en los países de Europa occidental y del norte, pero en ninguno el descenso de la natalidad supondrá más del 10 % de la población del país de residencia. La inmigración musulmana, que será el principal factor de crecimiento, no va a permitir cifras mucho más elevadas que las señaladas (proyección del Pew) ya que el descenso de los nacimientos reducirá las proporciones de población joven dispuesta a emigrar. Y, por otro lado, la natalidad de los musulmanes, si bien puede resultar al principio superior a la autóctona, acaba situándose en niveles semejantes. Y más en el caso de aquellos inmigrantes procedentes de países que han alcanzado índices de fecundidad tan bajos como los mostrados para Irán, Turquía o Marruecos.

Conclusiones

No se puede utilizar la demografía para justificar determinadas actitudes o posicionamientos que no se compadecen con los datos. Como cualquier proyección, las del Pew Research Center se pueden equivocar, pero no tanto como para defender la hipótesis de una Europa musulmana.

A nadie se le oculta que, por sus peculiaridades, la población musulmana resulta más difícil de integrar en nuestras sociedades. Nadie puede negar tampoco la existencia entre nosotros de células islámicas fundamentalistas que han llevado a cabo actos terroristas execrables. Ni la existencia en el extrarradio de ciertas ciudades europeas de segundas y terceras generaciones de origen musulmán que mantienen actitudes inconformistas y hostiles contra el poder establecido, frecuentemente más por motivos sociales y económicos que religiosos. Pero no podemos demonizar a toda una población por el comportamiento de una minoría. Debemos enfrentar la realidad estadística de una población musulmana creciente, con las políticas adecuadas para que su presencia se realice en las mejores condiciones posibles para la convivencia pacífica y el respeto a las leyes de los Estados receptores.

La Europa del mañana no será musulmana. Será de los europeos aunque debamos convivir con gentes que vendrán de todos los rincones del planeta. Remendando la vieja frase de José Antonio Primo de Rivera y utilizándola con un sentido completamente diferente podemos decir que Europa será (ya es) «una unidad de destino en lo universal».

27. ¿NECESITA ESPAÑA UNA POLÍTICA DEMOGRÁFICA INTEGRAL?

La población española ha experimentado cambios profundos en un periodo de tiempo relativamente corto. Hasta los años 80 del siglo pasado éramos un país con buena natalidad, un crecimiento natural positivo, una razonable población joven, un nivel de envejecimiento reducido y un balance migratorio negativo. Había más niños, pocos mayores y una proporción modesta de inmigrantes. Éramos la España peregrina, con un destino preferente entonces en algunos Estados europeos. Hoy somos algo muy diferente: un país con muy pocos niños, con un balance natural desfavorable, una inmigración importante y un envejecimiento acusado. Nuestro modelo demográfico se completa con un fuerte despoblamiento de una buena parte del territorio nacional, sobre todo de la España interior y montañosa. La situación de algunas de estas variables ha llegado a un punto preocupante, lo cual está pidiendo a gritos el establecimiento de una política demográfica que permita corregir la deriva iniciada y evitar sus consecuencias más acuciantes.

Puyol, R. «Una política integral para España» (en prensa).

Las premisas de una política de población

En otras ocasiones y en otros escritos (capítulo 8) he defendido la necesidad de corregir nuestra trayectoria demográfica mediante acciones que enderezcan el rumbo de algunos de sus componentes básicos. Una política que debe contemplar algunas premisas fundamentales y tener presentes ciertos hechos y circunstancias:

— Ante todo, se ha de considerar que en materia de población no caben los milagros. No hay soluciones ni espectaculares ni rápidas, aunque sí se puedan mejorar las cosas. En algunos casos, las medidas permitirán detener o ralentizar la deriva negativa de un componente; en otros, alcanzar una recuperación, aunque sea pequeña, porque, ante la situación alcanzada, siempre será positiva.

— En segundo lugar, hay que tener presente que existen modelos de éxito que se han revelado relativamente eficaces para corregir la andadura de un determinado elemento. No siempre las medidas sirven para todos los contextos, pero conviene estudiar, en cada caso, su posible aplicación.

— En tercer término, debe tenerse en cuenta que ninguna política será viable si no hay un convencimiento y una implicación firme de las autoridades para llevarla a cabo. Y, sobre todo, si no está acompañada de un presupuesto suficiente.

— Cabe señalar también que las políticas demográficas deben tener una cierta continuidad temporal, lo cual exige que posean desde el principio el mayor consenso político posible. Aunque el término resulte ya inflacionario, sería conveniente que tuvieran el carácter de auténticas políticas de Estado. Las estrategias demográficas no son de derechas o de izquierdas, sino políticamente neutras y, en nuestro caso, de condición imprescindible.

— Es necesario que sean concebidas para todo el territorio, aunque las particularidades de cada comunidad exijan una aplicación diferenciada.

Y han de contener medidas, al menos, para los cuatro grandes asuntos de nuestra población: la baja fecundidad/natalidad, la inmigración, el envejecimiento y la despoblación.

En algunas regiones españolas ya existen acciones específicas para mejorar el estado de algunas variables, pero carecemos de una verdadera política nacional. Esa tarea debería corresponder al Ministerio para la Transición Ecológica y el reto demográfico que, al menos hasta ahora, se ha centrado de una manera muy preferente sobre la despoblación rural, olvidándose de otras cuestiones que alcanzan hoy una gran relevancia.

Abordaré el contenido de este capítulo mediante cuatro grandes apartados y dos aproximaciones en cada uno de ellos. Los cuatro apartados se refieren a las grandes variables mencionadas: natalidad, inmigración, envejecimiento y despoblación; las dos aproximaciones consistirán en presentar someramente la situación que presenta hoy cada uno de esos componentes y esbozar las medidas posibles para corregir su trayectoria.

Mejorar la natalidad

— LOS HECHOS. Un solo dato refleja la fuerte caída de la variable. En la etapa inicial del *baby boom* (1957-1977), los nacimientos anuales oscilaban entre 650 000 y 660 000, y en 2022 la cantidad fue de 329 251, prácticamente la mitad. Una combinación de circunstancias económicas y sociales (crisis financieras, cambios en los modelos familiares y en la jerarquía de valores, revolución educativa, incorporación de la mujer al trabajo, debilitación del sentimiento religioso y, sin duda, un cierto materialismo que impregna nuestras sociedades) explica la situación de tres factores de influencia decisiva sobre la natalidad: la fecundidad, el volumen de mujeres en edad de procrear y la edad a la que se tienen los hijos.

El índice español de fecundidad (número medio de hijos por mujer) fue en 2022 de 1,16, muy lejos del necesario para renovar las generaciones (2,1). Además, hay ocho comunidades con valores más reducidos, dos de ellas con menos de un hijo por mujer (Asturias y Canarias). La cifra de alumbramientos tiene mucho que ver con las edades habituales de ser madres. En España, el 85 % de los nacimientos se concentra en el intervalo de 25 a 40 años, de tal manera que, si a esas edades hay muchas mujeres, la natalidad puede ser alta, y si hay pocas, más baja. La evolución reciente refleja una caída fuerte de las madres en potencia. Entre 2008 y 2022 perdimos más de un millón de mujeres en edad de procrear, lo cual ha contribuido decisivamente a la caída de los nacimientos.

Las cosas se complican por una tercera circunstancia que es la edad a la que se tienen los hijos, que resulta cada vez más elevada. La edad media del alumbramiento del primer hijo está por encima de los 31 años, el 40 % de los nacimientos corresponde a madres con más de 35 años y nunca hubo tantas mujeres que hayan tenido descendientes por encima de los 40 años. Alumbrar hijos más tarde no significa tener más hijos. El retraso de la maternidad acaba traduciéndose en un menor tamaño familiar.

— Las medidas. Vamos a ver ahora las políticas adecuadas para ayudar a las familias a tener los hijos que desean (en torno a dos, según la última Encuesta de Fecundidad), atender las necesidades de esos niños y facilitar la presencia de las madres en el mercado laboral.
    — El primer bloque incluye las de carácter monetario, entre las que se incluyen las prestaciones por el nacimiento de cada hijo y las ayudas mensuales según el número de vástagos. Son importantes siempre que sean suficientes y sostenidas en el tiempo.
    — El segundo grupo abarca las ayudas para los hijos: guarderías con horarios suficientes y costes reducidos o gratuitas; prevención de enfermedades de los niños pequeños; medidas contra la pobreza infantil; aseguramiento de la atención de los hijos en el caso de que se produzca incumplimiento de las obligaciones por parte de alguno de los cónyuges tras una ruptura familiar.
    — El tercer paquete abarca las acciones de naturaleza laboral. Dice el demógrafo italiano Massimo Livi Bacci que el instrumento más eficaz para mejorar la natalidad es el mercado de trabajo que sea capaz de pro-

porcionar a las parejas jóvenes empleos estables y decentemente remunerados. Un trabajo para ambos cónyuges y una política corresponsable de conciliación de la vida laboral y familiar que supone medidas y tareas que deben compartir los dos sexos.

— El cuadro de medidas se completa con disposiciones fiscales progresivas en función del tamaño familiar, facilidades a las parejas jóvenes para el acceso a la vivienda o mejoras en las pensiones de jubilación.

Regular la inmigración

— Los hechos. Estos son los rasgos básicos que presenta hoy la inmigración en España.

— Se trata ya de un fenómeno estructural, ante todo por su antigüedad. El paso de ser la España peregrina a convertirnos en destino de corrientes migratorias de gran volumen se produce a mediados de los 80 y desde entonces hemos mantenido ese carácter, aunque con algunos altibajos en las cifras. En 2022 la población extranjera asciende a 5,5 millones, que suponen el 12 %, el total del país (a comienzos de este siglo, el 2 %). En la actualidad ya no se discute sobre la conveniencia o no de la inmigración pues se ha convertido en componente esencial de nuestra economía, nuestro mercado laboral y nuestra sociedad. Ya no forma parte de las preocupaciones prioritarias de los españoles, a quienes inquietan más las cuestiones relacionadas con la política y los políticos y todavía el desempleo. La gente, a excepción de algunas minorías, ha aprendido a convivir con ella.

— Al igual que en otros países europeos, la inmigración en España ha entrado en una fase de madurez, lo cual significa, entre otras cosas, que se han diversificado las causas de atracción que aumentan las autorizaciones de larga duración y que crecen las nacionalizaciones. Solo en el periodo 2013-2023 hubo 1 645 261 adquisiciones de nacionalidad española.

— Las corrientes han evolucionado desde un punto de vista sociodemográfico. Asistimos a un claro proceso de feminización y a una mayor diversificación de las edades (más niños y más personas de edad debido a los procesos de reagrupación familiar).
— Se han ampliado los países emisarios, aunque los principales emisores sigan siendo las naciones europeas (47 %) y América Latina (824 %)
— Aumenta la regularidad de los movimientos, si bien todavía se producen importantes corrientes clandestinas, sobre todo a través de la ruta canaria.
— Los inmigrantes constituyen un componente esencial del mercado de trabajo pues suponen un 15 % del total de trabajadores, con una tasa de participación superior a la de los autóctonos. Por lo común, desempeñan los oficios de menor cualificación, pero que resultan esenciales para el funcionamiento general de los servicios.
— Igualmente son un factor decisivo para nuestra economía. Su impacto agregado resulta favorable, tanto en términos de crecimiento y empleo como con relación a la sostenibilidad del Estado de bienestar.
— Pese al fuerte crecimiento del número de inmigrantes, su nivel de integración social en el país resulta satisfactorio. No existe en España un grado de discriminación elevado y, en cualquier caso, el existente resulta inferior al de otros países del entorno.

— LAS MEDIDAS. Señalaba al principio que la inmigración se ha convertido en un fenómeno estructural de la sociedad española, en la que ha ido ganando presencia, ha multiplicado la diversidad y ha aportado riqueza. Por ello, resulta de especial interés regular todas las cuestiones relacionadas con la presencia de extranjeros en España. Necesitamos, como dice la AIREF, una política migratoria abierta, flexible, consensuada e integradora que no debe limitarse al control de las fronteras, sino abordar todas las cuestiones relacionadas con el fenómeno migratorio. El tipo y el origen de los inmigrantes, su integración; la corrección de las deficiencias e insuficiencias que afectan a cuestiones como la situación laboral, los sistemas de protección social, la vivienda, la educación, las condiciones de vida, la lucha contra la segregación, la discriminación o el rechazo; el importante tema de los MENAS y, por supuesto, el retorno. Tenemos que dotarnos de una política activa en materia de inmigración ya que no apostar por ella a corto y medio plazo sería un desatino demográfico que no nos podemos permitir.

Enfrentar el envejecimiento.

— LOS HECHOS. Comenzaré con dos recordatorios. El primero es insistir en la idea de que el envejecimiento es ante todo una conquista social (capítulo 13). El segundo es recordar que los umbrales tradicionales para definir el inicio de la vejez (con frecuencia los 65 años) ya no resultan hoy adecuados y mucho menos lo serán en el futuro (capítulo 13). Según los números del INE (2022), hay en España casi 9,5 millones de personas de 65 años y más, las cuales suponen el 20,2 % de la población del país; ese dato es manejado con frecuencia para decir que 1 de cada 5 españoles es viejo. Ni eso es así hoy ni puede sostenerse la afirmación de que en 2050 habrá 16 millones de viejos por el simple hecho de que tengan 65 y más años. Ahora bien, independientemente de donde situemos el comienzo estadístico de la vejez, lo cierto es que el volumen de «personas mayores» va a aumentar de manera significativa. Y ello va a exigir también unas medidas que aborden su problemática: sus necesidades en materia de pensiones, sanidad o dependencia, pero también su papel como productores en una sociedad donde el trabajo de los séniors será cada vez más necesario. Y tal vez la regulación de eso que llamamos la *silver economy*, que ofrece los bienes y servicios que utiliza especialmente ese segmento de la población.

— Las medidas. Ante todo las que aseguren a las personas mayores una pensión digna, una sanidad eficiente, y ayudas a los que sufran una situación de dependencia. Todo ello combinado con programas que fomenten el envejecimiento activo y saludable. Por otro lado, es preciso incentivar el trabajo de los séniors promocionando la prolongación voluntaria de su actividad por cuenta ajena o propia (segundas carreras) mediante acuerdos entre la Administración, los sindicatos, las empresas y los propios trabajadores. Es necesario luchar contra todas las formas de edadismo (capítulo 14), muy particularmente el laboral, y con carácter general limitar la salida temprana del trabajo y las prejubilaciones abusivas, respetando siempre las situaciones especiales de ciertos trabajadores. Resultará útil fomentar e incentivar el voluntariado y el emprendimiento de los séniors, en el que se observan elevadas cotas de éxito debido a sus conocimientos, su experiencia o su capacidad relacional. En una palabra, la caída del trabajo de los júniors tendrá que ser compensada por una mayor presencia de los séniors, que, más allá de la edad de jubilación, debe ser voluntaria y estar suficientemente incentivada. En términos absolutos, hay más séniors en las ciudades que en las zonas rurales, aunque en términos relativos estas últimas presenten porcentajes más altos. Esa mayor presencia relativa demanda una atención especial a ese colectivo ante la inadecuada situación en la que viven muchos de sus miembros.

Mitigar la despoblación

— Los hechos. Señalaré tan solo algunos datos especialmente significativos.

- — Casi la mitad del país está en riesgo demográfico, es decir, vive en territorios con una densidad inferior a 12,5 habitantes por km^2.
- — Entre los municipios de menos de 1000 habitantes han perdido población nueve de cada diez.

— Ocho de cada diez municipios tienen un crecimiento natural negativo, con más fallecimientos que nacimientos.
— Algunos años, casi ⅓ de los municipios pequeños no tienen ningún nacimiento.
— En los municipios de menos de 1000 habitantes, tres de cada diez habitantes son mayores de 65 años.
— En un 85 % de los municipios de menos de 1000 habitantes existe un desequilibrio entre sexos con más hombres que mujeres, a diferencia de lo que ocurre en la población de conjunto, que tiene más féminas que varones.

En resumen, la España rural es una España despoblada, con crecimiento natural y migratorio negativos, fuerte envejecimiento y predominio de la población masculina. Esta conjunción de hechos hace que la despoblación sea muy difícil de resolver, sobre todo, en determinados territorios con municipios de censo verdaderamente exiguo. No obstante, son posibles ciertas acciones correctoras para frenar o ralentizar el éxodo o incluso conseguir una cierta repoblación que en ningún caso será importante. He aquí un decálogo de acciones que podrían mejorar la situación:

— Promoción de algunos núcleos como concentradores de servicios y equipamientos de los que se abastecería la población rural del entorno.

— Favorecer el desarrollo de nuevas actividades económicas y de fomento del empleo, en particular de los jóvenes y las mujeres, que son los que más se van del medio rural.

— Garantizar la plena conectividad territorial.

— En la medida en que sea posible, prestación apropiada de servicios básicos (educativos y sanitarios) y establecimiento de planes específicos para la conservación y mejora de las infraestructuras de vivienda y transporte.

— Lucha contra los estereotipos. Poner en valor la imagen del campo.

— Mejorar los mecanismos para una colaboración más eficaz entre el sector público y el privado.

— Simplificar las normas administrativas en los pequeños municipios, mediante una política de asesoramiento y ventanilla única.

— Cuidar especialmente las medidas sobre las tres grandes variables demográficas: natalidad, envejecimiento y migraciones.

— Incentivos fiscales para las personas, las empresas o las instituciones que quieran establecerse en las zonas rurales.

— Fomentar políticas para la conservación del medio natural y artístico, que, además de ofrecer empleo, contribuyen a salvaguardar nuestro valioso patrimonio.

Conclusiones

España ha llegado a una situación crítica en el caso de algunos sectores demográficos, que demandan la implantación sin demora de una política de población integral que ofrezca soluciones a la depauperada natalidad, el fuerte y creciente envejecimiento, los problemas de la España vacía y la inmigración que actúa como correctora de las debilidades internas del crecimiento. Esa política no hará milagros, pero permitirá frenar, incluso enderezar, la deriva de algunos componentes que, de continuar su trayectoria actual, acarrearán serios problemas a nuestra economía y a nuestra sociedad.

BOX 1: ¿ES USTED UN *BOOMER*?

El término define el aumento de los nacimientos que se produjo en EE. UU. y otros países anglosajones tras la Segunda Guerra Mundial y que se alargó entre 1946 y 1964. Fue utilizado por primera vez en un artículo del *Daily Press* publicado en 1963 para referirse a las numerosas generaciones que por esos años estaban llegando a las aulas universitarias. Muchos otros territorios tuvieron su particular *baby boom,* aunque con periodos de duración y fechas de comienzo y final diferentes. Este es el caso de España, que abrigó su etapa de natalidad alta entre mediados de los 50 y mediados de los 70.

¿Es usted un *boomer*? Sí, si ha nacido en esas fechas, como les ocurrió a Nuñez Feijóo —*boomer* temprano— o a Pedro Sanchez —*boomer* tardío—, que, al menos, coinciden en su pertenencia a una misma generación. Una generación a la que en el mundo, y particularmente en España, le ha tocado ver acontecimientos especiales que han marcado su trayectoria. En nuestro país, protagonizaron la revolución educativa, crecieron con la TV, vieron y sin duda se beneficiaron de la entrada en la Unión Europea y fueron testigos de la incorporación de la mujer al trabajo. Casi todos nacieron con el franquismo, pero vivieron la transición al sistema democrático en una etapa joven o muy joven de su existencia. Vieron cómo el nuevo régimen nacía con dificultades, pero creyeron en él y contribuyeron a consolidarlo.

Desde un punto de vista laboral, los *boomers* tienen algunas características singulares. Ante todo, trabajan más que los componentes de generaciones anteriores, entre otras cosas porque mantienen buenas condiciones de salud durante mucho más tiempo. Son fieles a las empresas y tienen con ellas un alto nivel de compromiso. No es infrecuente que estas personas pasen varias décadas de su vida vinculadas a la misma institución, que para algunos se convierte en la única. Buscan, por lo tanto, seguridad y estabilidad en el trabajo y, al mismo tiempo, reconocimiento por su entrega. Valoran la jerarquía y están capacitados para liderar grupos a los que aportan experiencia, conocimientos y capacidad relacional. No son nativos digitales, pero tampoco analfabetos absolutos. Incluso las generaciones más jóvenes tienen un dominio más que razonable de las nuevas tecnologías. En eso se diferencian de las cohortes anteriores de «veteranos» y se acercan a las siguientes, encabezadas por los *millenials.* Por ello, resultan fundamentales para la continuidad y productividad de las empresas.

Al definir una generación, como lo hemos hecho, se corre el peligro de caer en estereotipos o simplificaciones excesivas, pero en este caso creo que todas, con distintas intensidades, convienen a los *boomers.* Y marcan diferencias con algunos de los rasgos representativos de los *millenials* en el ámbito laboral, en particular su tendencia más frecuente al cambio de actividad y de compañía o su menor valoración de la jerarquía.

Boomers y *millenials* están obligados a entenderse en el desarrollo de sus respectivas actividades profesionales. El trabajo intergeneracional es una exigencia ineludible, aunque no tenga demasiado desarrollo en sistemas como el nuestro. Quizás por la existencia entre los dos grupos de prejuicios tan influyentes como injustificados. Muchos jóvenes suelen hacer responsables a los *boomers* de contribuir al agravamiento de problemas como el cambio climático o la desigualdad de la riqueza o de ser consumidores excesivos de los bienes que ellos generan. Por su parte, los *boomers* les critican su escasa fidelidad empresarial o la importancia que dan a determinadas condiciones de trabajo que a veces convierten en exigencias irrenunciables.

BOX 2: LOS REFUGIADOS PALESTINOS

Son las personas cuyo lugar habitual de residencia entre el 1 de junio de 1946 y el 15 de mayo de 1948 (fecha de la Declaración de Independencia de Israel, cuando terminó el mandato británico) era Palestina. Debido al conflicto surgido, muchos perdieron su hogar, sus medios de subsistencia y sus pertenencias, lo que les obligó a dejar su antigua residencia. Para atender a estos refugiados que se extendieron por Oriente Medio se crea en 1949 el UNRWA (United Nations Relief and Works Agency for Palestine Refugees in the Near East; Organismo de Obras Públicas y Socorro de las Naciones Unidas para los Refugiados Palestinos en el Próximo Oriente). Cuando empieza a operar, un año después, atendía a 750 000 personas proporcionándoles educación primaria y secundaria, asistencia sanitaria, servicios sociales y de socorro, infraestructura para los campamentos, microfinanciaciones y ayuda para situaciones de emergencia. En 2022 (antes del conflicto de 2023), los refugiados palestinos sumaban 5,8 millones en las cinco zonas de funcionamiento del organismo: la franja de Gaza, la Ribera Occidental incluida Jerusalén Oriental, Jordania, el Líbano y Siria.

En virtud del derecho internacional y del principio de unidad familiar, los hijos de los refugiados y sus descendientes también se consideran refugiados, por lo que el UNRWA sigue prestándoles servicios hasta que se encuentre una solución política permanente que resuelva la difícil situación existente. Dados los acontecimientos recientes, no parece que eso vaya a suceder pronto. Todo lo contrario. El conflicto reciente ha multiplicado el éxodo de palestinos hasta una cifra que algunos estiman por encima de los dos millones.

BOX 3: POLÍTICA Y EDAD

La estructura demográfica de las sociedades avanzadas, caracterizada por una progresiva disminución del número de jóvenes y un aumento creciente de las personas mayores, tiene claras repercusiones políticas. El voto de los séniors adquiere un mayor peso relativo mientras que el de los júniors se debilita de manera constante. En la España de los años 80, las personas de 18 a 34 años suponían el 35 % del electorado y las de 65 y más el 16 %. En 2023, los jóvenes han caído al 21 % y los mayores han subido al 25 %.

Estas diferencias refuerzan sus efectos si se tiene en cuenta que los jóvenes votan menos que los mayores. Pero, aun cuando participaran en proporciones semejantes, el mayor volumen de personas de edad hace su voto más relevante para los partidos políticos, cuyos programas tienen muy presentes las preferencias de estos electores, entre ellas y de forma clara subir las pensiones y moderar los impuestos, sobre todo los que afectan al patrimonio. Personalmente estoy convencido de que Sánchez no obtuvo en las últimas generales los malos resultados presagiados gracias a los votos de los séniors, tras la subida de las pensiones que realizó antes de los comicios.

Frente a estas preferencias, claras y simples, los jóvenes tienen aspiraciones más diversas. Algunas se inscriben en el corto plazo, como un acceso más fácil a la vivienda o unas mejores condiciones en el mercado de trabajo. Pero otras son de luces más largas y se relacionan con intereses generales como el cambio climático o la igualdad de género; son desafíos de más difícil solución y de acomodo menos simple en unos presupuestos.

Resulta claro que la composición por edades de nuestras poblaciones beneficia a los mayores y perjudica a los jóvenes. Algunos ejemplos recientes ponen de manifiesto el determinante voto de los séniors para decidir consultas importantes. Así sucedió en Escocia con el referéndum para la separación de Gran Bretaña (2014), en el que ocho de cada diez mayores de 65 años votaron mantener la vinculación, lo cual acabó inclinando la balanza por esta opción dada la supremacía numérica de los mayores sobre los jóvenes, que sí eran mayoritariamente partidarios de la salida.

Y un ejemplo parecido lo tenemos con el *brexit*. El 70 % de los jóvenes entre 18 y 24 años votó a favor de permanecer (*remain*) en la Unión Europea, mientras que el 58 % de los mayores de 65 se inclinó por el abandono (*leave*). Una vez más, el mayor peso específico de los séniors contribuyó decisivamente a decidir la marcha. Es verdad que en la solución final influyeron otros factores como la oposición entre zonas rurales (permanencia) y urbanas (salida) o entre distintos territorios (en Escocia o Irlanda del Norte se impuso la permanencia, mientras que en Inglaterra o Gales el abandono), pero los relacionados con la edad tuvieron un papel protagónico.

Son dos casos claros en los que el menor peso relativo de los jóvenes (factor prioritario) y su mayor abstención (factor secundario) determinan la derrota electoral de sus propuestas mayoritarias. No obstante, también hay algún ejemplo en sentido contrario. En el conjunto de EE. UU., el 61 % de los jóvenes de 18 a 29 años votaron a Biden en las anteriores elecciones, frente a solo el 36 % que se inclinó por Trump. Aquí el peso relativo de los jóvenes es más elevado, y el envejecimiento, menor que en los países europeos y todo parece indicar que los «júniors» americanos se tomaron en serio unas elecciones (la participación subió respecto a comicios anteriores) ante la posibilidad, no deseada por la mayoría de ellos, de que Trump los ganase. Sin embargo, esta participación electoral más activa es infrecuente. Los jóvenes «pasan» de las elecciones en porcentajes altos y crecientes, lo cual, unido a su peso relativo cada vez más exiguo, plantea algunos peligros serios: la ignorancia de sus propuestas por los partidos que aspiran al poder y la disminución de su propio interés, en participar, en la vida pública al ver defraudadas sus preferencias. Eso puede acabar debilitando la democracia y haciendo perder legitimidad a los partidos, que, a su vez, corren el riesgo de «pasar» de los jóvenes.

Nadie puede sospechar que no considere legítimos los intereses y las aspiraciones de los séniors y las reivindicaciones que hacen para su colectivo. Al fin y al cabo, no todos los mayores, ni mucho menos, viven en una situación idílica. Lo que digo es que la acción política tiene que estar balanceada entre grupos de edad que tienen derechos legítimos y aspiran a cosas distintas, cuya satisfacción no debería depender de sus diferencias numéricas.

BOX 4: ¿CUANTOS HABITANTES PODRÍA TENER EL PLANETA?

Desde finales del siglo XVII, diferentes autores han calculado la población máxima que podría sostener la Tierra de manera durable. El demógrafo J. E. Cohen hizo un balance a finales del siglo pasado (1995) y contabilizó alrededor de 60 estimaciones; consideró algunas como fantasiosas y pseudocientíficas y redujo las fundamentadas, las que se apoyaban en argumentos más o menos sólidos, a unas 45. Sus diferencias son fuertes, con una gama que va desde los 2 mil millones de la establecida por Raymond Pearl en 1925 a los 50 000 mil millones de la realizada por el economista Robert Brown en 1954.

De las 45 estimaciones «científicas», solo 5 fueron realizadas antes del siglo XX, 14 durante su primera mitad y la mayoría (26) en su segunda parte, que corresponde, hasta mediados de los 70, con la etapa de la fuerte explosión demográfica. Entre 1900 y 1950, la media de las estimaciones fue de 7,8 mil millones; entre 1950 y 1980 se disparó a 25 mil millones, pero después el entusiasmo se moderó y el cálculo medio bajó a 8,8 mil millones.

La gran variabilidad de los pronósticos no se debe solo a las condiciones demográficas de la época en la que fueron realizados, ya que en un mismo periodo hay estimaciones marcadamente distintas. Nathan Keyfitz, profesor de Demografía en Harvard, hizo notar que la procedencia disciplinar de los estimadores era un importante factor diferenciador. Los cálculos más moderados son los de los biólogos y ecologistas: entre ellos están los de Raymond Pearl (2,1 mil millones), David Pimentel (3 mil millones) o Paul Ehrlich (5,5 mil millones que luego redujo en su *The Population Bomb*).

En el polo opuesto, las cifras más altas son las de los economistas y los agrónomos; uno de estos últimos, Roger Revelle, ofreció una estimación de 40 000 mil millones y los economistas Robert Brown y Colin Clark dieron 50 mil millones y 28 000 millones respectivamente.

Como se ve, las diferencias son de 1 a 50 y de 1 a 8 si se manejan únicamente las más verosímiles realizadas después de la Segunda Guerra Mundial. Para explicarlas no solo se deben de tener en cuenta las circunstancias mencionadas hasta ahora, como la situación demográfica de la época en la que se realizan o la profesión del estimador: como recuerda Hervé Le Bras (2012), es preciso considerar la visión que sobre la relación población-recursos alimenticios tenían los 45 científicos cuyos pronósticos están más razonados. Una relación que no solo debe considerar la producción de alimentos, sino sobre todo el consumo, que hoy presenta a escala internacional grandes desigualdades. Factores como la distribución de la producción agraria entre el consumo animal o humano, la dieta medida en kilocalorías por habitante y día o la parte de la producción dedicada a los biocarburantes resultan esenciales para saber la población máxima que el mundo puede soportar bajo las condiciones de una alimentación suficiente y equilibrada

BOX 5: LAS CIFRAS DEL HAMBRE

Medido por la prevalencia de la subalimentación (uno de los indicadores de los objetivos de desarrollo sostenible), el hambre afectó en 2022 a un 9,2 % de la población mundial aproximadamente. En dicho año se estima que sufrieron hambre entre 691 y 783 millones de personas, con un punto medio del rango de 735 millones, unos 120 millones más que en 2019, antes de la epidemia de covid.

Pese a este repunte, las cifras son mejores de las que había hace unos lustros y continuarán bajando, aunque se prevé que en 2030 todavía alrededor de 600 millones de seres padecerán subalimentación crónica.

En cuanto a la inseguridad alimentaria (las personas no tienen acceso regular y permanente a los alimentos en cantidad y calidad suficientes para sobrevivir), la sufría en 2022 casi un 30 % de la población mundial (2400 millones). De ellos, 900 millones (11 %) tenían una inseguridad alimentaria grave. Los más afectados por este trastorno son las mujeres y los habitantes de las zonas rurales.

Más de 3100 millones de personas en todo el mundo (42 %) no tenían una dieta saludable en 2021. Y alrededor de 148 millones de niños y niñas menores de 5 años (22%) padecían retraso del crecimiento, 45 millones (7 %) sufrían emaciación (adelgazamiento morboso) y 37 millones (6 %) tenían sobrepeso. El retraso del crecimiento y la emaciación son más comunes en zonas rurales y el sobrepeso en las urbanas.

FAO, FIDA, OMS, PMA y UNICEF. (2023) *El estado de la seguridad alimentaria y la nutrición en el mundo 2023.*

BOX 6: ¿ES RUSIA UNO DE LOS GRANDES?

La respuesta es afirmativa si nos referimos a su dimensión territorial (es el país más grande del mundo) o incluso a los recursos que posee, pero la dinámica de su población, definida por una pérdida constante de su peso demográfico en el conjunto del planeta, hace dudar de esa condición.

Según los datos de las Naciones Unidas, Rusia alcanzó su población máxima en 1994 con 148,4 millones de personas. Después experimentó, con algunos altibajos, un retroceso hasta situarse en 2023 en 146,9 millones, es decir, un millón y medio de personas menos. ¿Cuales son las causas que han provocado este descenso? Aclaremos, ante todo, que no ha sido la emigración, ya que el balance migratorio viene siendo positivo desde 1974, si bien resulta más modesto que el de Estados Unidos o la Unión Europea.

Como ocurre con otros Estados europeos, la pérdida de población de Rusia se debe a un balance negativo del crecimiento natural desde comienzos de los 90 del siglo pasado. En 2023 hubo 735 000 defunciones más que nacimientos. Los motivos de un déficit tan fuerte son semejantes a los de los países europeo-occidentales. Por un lado, la baja fecundidad, que se sitúa en estos momentos en 1,4 hijos por mujer, lejos del umbral que permite la renovación de las generaciones (2,1); esta tasa se aplica a cohortes de mujeres pequeñas debido a las bajas natalidades previas, por lo que, al final, el número de nacimientos es reducido; también influye el retraso de la edad a la que se alumbran los hijos, lo cual intensifica la reducción de los alumbramientos. Por otro lado, la situación de la mortalidad en Rusia es especialmente desfavorable, como así lo demuestran los tres grandes indicadores habituales: la tasa bruta de mortalidad, que, con un valor de 14 fallecidos por cada mil habitantes, es entre tres y cinco puntos superior a la mayoría de los países europeos occidentales; la tasa de mortalidad infantil, que, con 4,6 fallecidos menores de un año por cada 1000 nacidos, es el doble que la de muchos de esos territorios; y la esperanza de vida al nacer, que, con 66 años para los hombres y 75 para las mujeres, resulta claramente inferior a los 78 y 83 que tiene de media la Unión Europea. ¿Qué factores provocan este desfavorable comportamiento ante la muerte?

Ante todo uno estructural: el fuerte consumo de alcohol (vodka), mucho más elevado entre los hombres que entre las mujeres, lo que explica en parte la acusada diferencia de sus esperanzas de vida. Gorbachov inició en los años 80 una cruzada contra el alcohol: hizo cerrar las destilerías del Estado y aumentó el precio del vodka, pero, ante la gran impopularidad que tuvo la medida, la batalla emprendida solo duró unos pocos años. El alcoholismo continuó provocando consecuencias directas sobre la salud al favorecer enfermedades como la cirrosis hepática o acentuar otras como las dolencias cardiovasculares. Y tuvo también consecuencias indirectas como el aumento de las defunciones por accidentes de carretera, los homicidios o los suicidios.

Igualmente se cita el paso de una economía centralizada a otra de mercado que supuso la debilitación del papel benefactor del Estado soviético, es decir, de los sistemas de protección social, de infraestructuras correctas pero de mal funcionamiento, que provocó un inhabitual decrecimiento de la esperanza de vida, semejante al producido por el sida en los países subsaharianos o el causado recientemente por la covid-19. Todavía hoy los hombres rusos tienen dos años menos de esperanza de vida de la que gozaban a mediados de los años 80. Esta evolución de los nacimientos y las muertes no fue lineal. La esperanza de vida mejoró y la fecundidad llegó a subir desde 1,25 hijos por mujer en el periodo 1995-2000 a un valor de 1,6-1,7 en los años 2016-17. En esta recuperación influyeron las medidas adoptadas en el Decreto sobre Concepción de la Política Demográfica de la Federación Rusa, que contemplaba un programa de recuperación demográfica y familiar. Pero, después, la fecundidad volvió a retroceder hasta situarse de nuevo por debajo de los 1,5 hijos por mujer.

¿Y el futuro? Todos los indicadores muestran que las cosas no van a mejorar. Según el Population Reference Bureau (2024), la población de la Federación será de 139,2 millones en 2035 y 133,1 en 2050. De esta manera, Rusia seguirá perdiendo peso específico en el conjunto de las naciones, con tan solo el 1,6 % de los habitantes de la Tierra. La Federación ya no es lo que fue la antigua URSS y todavía lo será menos en el futuro. Y, mientras tanto, siguen muriendo rusos jóvenes en esa absurda guerra que emprendió contra Ucrania. Aunque solo fuera por razones demográficas, Rusia debería estarse quieta.

Epílogo

La bomba de la población no va estallar. El pronóstico de Paul Ehrlich (capítulo 2) no se va a cumplir, porque el número previsible de seres humanos será bastante menor del que anunciaban las proyecciones de la etapa de mayor crecimiento, cuando se describía un panorama bastante sombrío del porvenir de la humanidad. Un escenario de hambrunas frecuentes, de escasez de productos básicos, de pobreza para amplias capas de la sociedad, sobre todo la que habita en las regiones menos adelantadas.

La situación actual y el futuro previsible no van a ser así. Eso no quiere decir que no vayamos a crecer y de manera aún importante y que todos los peligros que acechan a la humanidad estén despejados. Seguiremos alimentando el censo internacional, pero todo hace pensar que «el futuro no será lo que era», una frase con una paternidad múltiple que corrige los pronósticos de la etapa de la «explosión».

Y ¿por qué vamos a ser menos de los que pensábamos? ¿Por qué la hipótesis baja de las proyecciones de la ONU es observada de reojo? ¿Por qué incluso algunos pronostican una reversión del crecimiento en la segunda mitad de este siglo? La explicación se fundamenta en la acción combinada de dos factores:

— Un aumento de la mortalidad en cifras absolutas, después de haber bajado tanto en todas sus modalidades, debido al envejecimiento de la población.

— Una natalidad decreciente como consecuencia de la muy generalizada bajada de la fecundidad, que cada vez en más países impide renovar las generaciones.

La conclusión es: a mediados de siglo, e incluso a finales de la centuria, vamos a ser más (la hipótesis de la disminución con carácter general, personalmente, no la veo), pero menos de los que imaginábamos. Y además vamos a cambiar de lugares de residencia respecto de la distribución actual. La predicción parece sencilla. Habrá menos gente en las zonas rurales, sobre todo en los países en desarrollo, debido que el éxodo desde ellas no se ha agotado todavía.

Vamos en todas partes hacia un mundo de ciudades y hacia una concentración mayor de la población en una parte cada vez más pequeña de la superficie de la Tierra. La mayoría de los que muden su residencia se quedarán en el mismo país, pero una parte creciente emigrará a otro y dentro de él también a las ciudades. Las migraciones internacionales se han globalizado en el sentido de que hay cada vez más naciones implicadas en la movilidad transfronteriza, bien como territorios emisores, receptores o de tránsito, o bien como todas las cosas a la vez.

La conclusión es: seremos más, pero viviremos en menos espacio, y muchos, en otro territorio distinto al de su nacimiento. La urbanización es imparable, y la movilidad internacional, creciente, al menos en un horizonte de medio plazo. Luego la caída de la natalidad puede reducir la intensidad de las corrientes migratorias voluntarias, sobre todo las de naturaleza económica. La gente seguirá moviéndose por turismo, por negocios o por otros motivos múltiples, pero esos movimientos no tendrán ni el carácter ni la duración de los que hoy definen el sistema migratorio mundial.

Desde un punto de vista sociodemográfico también vamos a cambiar. A escala global, la ligera supremacía masculina va a desaparecer. Las mujeres del futuro serán más que los hombres, de manera muy especial en las edades más altas debido a su mejor esperanza de vida. Pero el cambio sustantivo se producirá en las edades, en cuya estructura habrá menos jóvenes y más personas mayores. El envejecimiento es, con el cambio climático, una de las macrotendencias más importantes que afectan a la humanidad. El envejecimiento y su contrario, la reducción progresiva del número de jóvenes, sobre todo en nuestras sociedades.

Conclusión: vamos hacia un mundo con más mujeres, con menos jóvenes y con más personas viejas.

Estas macrotendencias mundiales (desaceleración del crecimiento, caída de la fecundidad, aumento de la mortalidad absoluta, urbanización progresiva, globalización de la movilidad, feminización de la composición por sexos y envejecimiento de la estructura por edades) no son procesos que afecten por igual a todas las partes del planeta. El mundo es diverso, también desde un punto de vista demográfico. Simplificando mucho se puede decir que al menos está dividido en tres grandes bloques: los países desarrollados, las naciones en vías de desarrollo y las «más pobres». Esta clasificación, que es eminentemente económica, sirve para establecer diferencias demográficas esenciales

Los países desarrollados tienen un modelo caracterizado por un crecimiento moderado, cuando no nulo o negativo; una fecundidad baja o muy baja que no permite la renovación de las generaciones; una mortalidad absoluta creciente debida al envejecimiento; un balance migratorio positivo; una estructura por edades con pocos jóvenes y muchos mayores; y unos niveles de urbanización muy fuertes. Las naciones en desarrollo crecen más; poseen fecundidades más altas, aunque con valores decrecientes y algunas con cifras por debajo de los 2,1 hijos por mujer; más nacimientos que defunciones; balances migratorios negativos; más jóvenes y menores tasas de envejecimiento; e índices de urbanización, por lo general, menos intensos. Las naciones más pobres reproducen las características de las que están en vías de desarrollo, pero con intensidades distintas y algunos rasgos diferenciales: crecen más; sus fecundidades son más altas; sus indicadores de mortalidad, peores (esperanza de vida y mortalidad infantil); sus saldos migratorios, más negativos; sus estructuras por edades, más jóvenes; sus niveles de envejecimiento, muy pequeños; y sus tasas de urbanización, reducidas.

El crecimiento previsible, más modesto pero aún cuantioso, nos va a enfrentar a viejos y nuevos desafíos. Algunos son comunes a todos los grandes bloques de países; otros, específicos de cada uno de ellos. El hambre y la subalimentación, aunque se van a amortiguar, no van a desaparecer, sobre todo en las regiones más pobres. En las más adelantadas, el problema será el opuesto: el sobrepeso y la obesidad que están en el origen de múltiples enfermedades.

En todas partes notaremos los efectos del calentamiento global si no somos capaces de amortiguarlo. Tendrá muchas consecuencias, entre ellas la intensificación de las migraciones medioambientales desde algunos espacios insulares y litorales, lugares estos últimos que localizan las concentraciones de población más fuertes.

Los cambios en la estructura por edades traerán nuevos retos. El envejecimiento de nuestras sociedades intensificará problemas ya existentes, como el pago de las pensiones, la multiplicación de los gastos sanitarios o el aumento de la dependencia. Pero no todo en él será negativo. La falta de jóvenes en el mercado de trabajo podrá ser suplida por esos viejos que son cada día más jóvenes, que además alimentarán la actividad económica de las empresas que dedican su tarea a la producción de bienes y servicios para esos consumidores «de edad», cada día más numerosos.

Hay soluciones para el envejecimiento, pero no resultan tan claras para esa acuciante falta de jóvenes en la mayoría de las sociedades industrializadas, que está pidiendo a gritos la implementación de políticas correctoras que ayuden a las familias y mejoren la natalidad.

En las naciones en desarrollo y en las más pobres, la situación es distinta. Aunque con intensidades diferentes, hay más gente joven que puede contribuir de manera decisiva al desarrollo económico de sus sociedades o que puede ser una causa de inestabilidad social si no encuentra en sus países las oportunidades formativas y laborales para ser un verdadero «dividendo demográfico».

En la parte final del libro he querido profundizar en las macrotendencias señaladas a través del análisis de territorios concretos que tienen a estos efectos un carácter ejemplar. Son ocho cuestiones en total.

— En un panorama de desaceleración, como experimenta la población mundial, África va a crecer todavía mucho y va a ser la que tenga más jóvenes y una mayor emigración. Pero todo hace pensar que su economía va a mejorar y va a ralentizarse más su crecimiento demográfico. En el futuro inmediato seguiremos recibiendo muchos migrantes africanos, pero a medio plazo disminuirá la intensidad de su movilidad internacional. África no nos va a invadir.

— Resulta preocupante el invierno demográfico europeo, definido por una natalidad tan baja y un envejecimiento tan fuerte. No hay más soluciones que establecer políticas de incentivación de la natalidad y favorecer la llegada de inmigrantes. A veces se habla del suicidio demográfico europeo. El verdadero suicidio sería cerrar la puerta a los extranjeros.

— China es una gran potencia económica y un *influencer* decisivo en la esfera internacional. Pero tiene los pies de barro, moldeados por una demografía con una natalidad por los suelos, que las nuevas políticas incentivadoras no logran corregir, y por un nivel de envejecimiento que compromete seriamente su futuro.

— La India, por el contrario, ya es el país más poblado del mundo gracias a una natalidad mejor que la china y a una estructura por edades más joven. Tiene vocación de superpotencia, a la que contribuye, sin duda, una demografía mucho más «saneada».

— Pese a los vaivenes en la política migratoria derivados de quien esté en el poder, EE. UU. mantiene vivo el «sueño americano» y una inmigración cuantiosa cada año. El país no sería lo que es sin la llegada de extranjeros y no es previsible que este estado de cosas cambie en el futuro porque el gran coloso americano, como Europa, necesita la inmigración. Una inmigración que será más restrictiva tras la victoria de Trump sobre Kamala Harris en las elecciones de noviembre de 2024.

— El envejecimiento alcanza sus cotas más altas en el Japón, debido a la conjugación de dos tendencias muy consolidades en el país: una baja fecundidad y una actitud muy poco favorable a la inmigración. Hay quienes ya han calculado la desaparición del imperio del sol «menguante». No es más que un juego de ciencia ficción, pero de lo que no cabe duda es de que va a seguir perdiendo habitantes en cuantía creciente.

— La vieja Europa va a seguir siendo vieja, pero lo que no va a ser nunca es musulmana, pese a que la proporción de hijos del islam vaya a crecer. Probablemente la inmigración con este origen va a disminuir, debido a la caída de la natalidad, que también descenderá en los países de acogida ya que las mujeres acaban adoptando las pautas de las madres autóctonas.

— La demografía española, en el marco de la europea, va especialmente mal. Es preciso corregir su trayectoria y para ello nos falta desarrollar una política integral que ofrezca soluciones para mejorar la natalidad, regular la inmigración y enfrentar el envejecimiento. La despoblación es otro cantar, pero también caben algunas medidas correctoras.

Las macrotendencias reflejan conductas semejantes. Lo son a escala planetaria y se pueden resumir de la siguiente forma: el mundo ya no crece tanto; en todas partes disminuye la fecundidad; aumentan la movilidad, el volumen de personas que vive en ciudades y el envejecimiento demográfico. Luego cada territorio tiene una posición concreta en la evolución de sus variables poblacionales. El horizonte demográfico al que tienden los diferentes territorios es parecido; los caminos y la velocidad de la marcha para alcanzarlo, distintos. El mundo es ancho y diverso y refleja comportamientos singulares, como ponen de manifiesto algunos de los ejemplos analizados.

Espero que el libro resulte de interés para quienes quieren conocer el presente y el futuro de la población del planeta. Y para clarificar algunas visiones basadas en percepciones equivocadas, cuando no en mitos o prejuicios ideológicos, más que en informaciones objetivas. No fue Augusto Comte quien pronunció la frase «La demografía es el destino», pero, independientemente de su paternidad, la sentencia conserva todo su significado, ya que nada de lo que suceda en el futuro podrá entenderse sin conocer sus fundamentos e implicaciones demográficas.

Bibliografía

Allievi, S., Bernardi, G. y Vineis, P. (2023). *Il sesto continente.* Aboca.

Bricker, D. e Ibbitson, J. (2019). *El planeta vacío.* Penguin Random House.

Buettner, D. (2012). *The Blue Zones.* National Geographic Books.

Castro, J. (1961). *Geografía del hambre.* Cid.

Cohen, J.E. (1995). *How many people can the earth support?* The Rockfeller University.

Clement, C. y Brugeilles, C. (2020). *Introduction a la démographie.* Armand Colin.

Conde Ruiz, J. I. y Conde Gasca, C. (2023, 2.ª ed.). *La juventud atracada.* Península.

David, O. (2020, 4.ª ed.). *La population mondiale.* Armand Colin.

Davis, K. (1945). «The World demographic transition». *Annals of the American Academy of Political and Social Sciences,* vol. 73, nº 2.

Demeny, P. (1968). *Early fertility decline in Austria-Hungary. A lesson in demographic transition.* Daedalus.

Domingo, A. (2008). *Descenso literario a los infiernos demográficos: distopía y población.* Anagrama.

Dumont, G. F. (2001). *Les populations du monde.* Armand Colin.

Dumont, G. F. (2023). *Géographie des populations. Concepts, dynamiques, prospectives.* Armand Colin.

Ehrlich, P. (1968). *The Population Bomb.* Ballantine Books.

Fuster, V. y Corbella, J. (2017). *La ciencia de la larga vida.* Planeta.

Guillén, M. (2023). *La revolución multigeneracional.* Deusto.

Haas, H. de (2024). *Los mitos de la inmigración.* Península.

Orimo, H.; Ito, H.; Suzuki, T.; Arahi, A.; Hosoi, T. y Sawabe, M. (2006). Reviewing the definition of elderly. *Geriatrics and Gerontology International,* vol. 6, n.º 3.

Huntington, S. P. (1997). *El choque de civilizaciones y la reconfiguración del orden mundial.* Paidós.

Hureaux, R. (2000). *Le temps des derniers hommes.* Hachette.

Le Bras, H. (2012). *Vie et mort de la population mondiale.* Le Pommier, Universcience Editions.

Leiburel, E. (Ed.). (2020). *Population et inegalités dans le monde.* Atlande.

Lesthaeghe, R. y Van de Kaa, D. J. (1986). «¿Deux transitions demographiques? En Lesthaeghe, R. y Van de Kaa, D. J. (Eds.). *Bevolking: groei en krimp: mens en Maatschappij.* Van Loghum Slaterus.

Meadows, D.; Randers, J. y Behrens, W. (1972). *The limits to growth: a report for the Club of Rome's Project on the Predicament of Mankind.* Universe Books.

Méndez Gutiérrez del Valle, R. *et alia* (2007). *Ciencias Sociales, Geografía. 3.º ESO. Comunidad de Madrid.* Ediciones SM.

Morland, P. (2022). *Tomorrow's people. The future of humanity in ten numbers.* Picador.

Notestein, F. W. (1945). «Population-the long view». En Schultz, T. W. (Ed.). *Food for the world.* University of Chicago Press.

Nuñez Boix, J. L. (s. f.). *Mortalidad e inmortalidad en la literatura. Mitos, leyendas, obras.* Máster de Estudios Literarios y Tecnológicos Digitales. Universidad Oberta de Cataluña.

Omran, A. R. (1971). *The epidemiologic transition: a theory of the epidemiology of population change.* Milbank Memorial Fund.

ONU. Migración. (2024). *Informe sobre las migraciones en el mundo.*

Pascal, B. (2023; 7.ª ed.). *Comprendre le monde.* Armand Colin.

Pascal, B. (2024). *50 idées reçues sur l'etat du monde.* Armand Colin.

Pearce, P. (2011). *L'apocalypse démographique n'aura pas lieu.* Editions de la Martinière.

Pendleton, D. (1989). *Population Doomsday.* Pinnacle.

Pew Research Center (2011). *The future of the global Muslim populations.*

Pew Research Center (2016). *Most say immigrants strengthen the country.*

Pison, G. (2023, 3.ª ed.). *Atlas de la population mondiale.* Autrement.

Cincotta. R. *et alia* (2003). *The Security Demographic.* Population Action Int.

Poulain, M *et alia* (2004). *Identification of a geographic area characterized by extreme longevity in the sardinia island. The AKEA Study experimental longevity,* vol. 39, pp. 1423-1429.

Puyol, R. (2018). *El envejecimiento de la población.* Editorial Instituto de Empresa.

Puyol, R.; Jiménez, A. y Ortega, I. (2023). *III Mapa del talento sénior.* Fundación Mapfre.

Puyol. R. (2023). «Más allá de la explosión poblacional». *Boletín de la Real Sociedad Geográfica.* Homenaje al Prof. Juan Velarde; n.º CLXI, pp. 229-238.

Sanderson, W. C. y Scherbov, S. (2008). «Rethinking age and ageing population». *Population Bulletin,* vol. 63, n.º 4.

Véron, J. (2013). *Démographie et écologie.* La Decouverte.

Véron, J. (2022). *Parlons démographie en 30 questions.* La Documentation Française.

Zaninetti, J. M. (2011). *Géographie des peuplements et des populations. L'homme sur la terre.* PUF.